人間関係を学ぶための11章

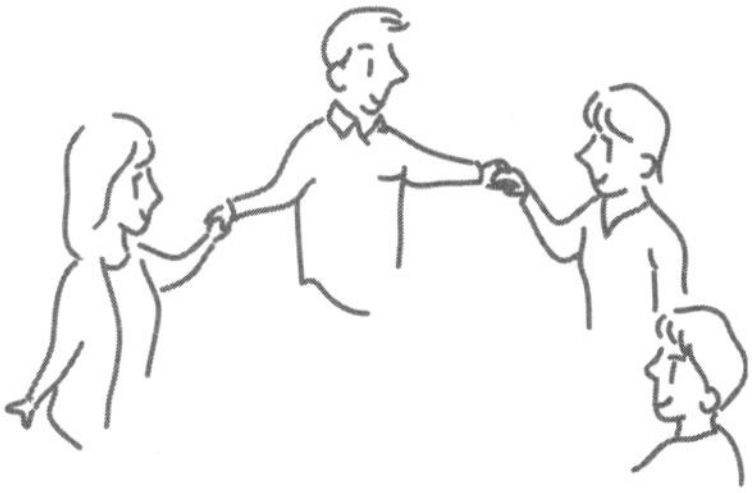

目次

プロローグ　インターパーソナル・コミュニケーションって何だろう？　…1
寝ても醒めてもコミュニケーション　…3
人と人とをつなぐ――インターパーソナル・コミュニケーション　…6
インターパーソナル・コミュニケーションの達人への道　…11

第1章　インターパーソナルコミュニケーションについて知っておくこと　…15
インターパーソナル・コミュニケーションのプロセスとは？　…17
インターパーソナル・コミュニケーションに必要なもの　…22
インターパーソナル・コミュニケーションの基本モデル　…30
適切なインターパーソナル・コミュニケーションとは？　…32

第2章　ことば、コトバ、言葉　…37
シンボルとしての言葉　…40

言葉は思考を左右する　…44
言葉の七変化　…48
言葉の魔力　…53
言語コミュニケーションの落とし穴　…58
PC言葉の使い方　…68
言葉の意味はどこに？　…71

第3章　黙っちゃいないノンバーバル　…73

9割以上がノンバーバル!?　…76
言葉とパラランゲージ　…79
リクルート・スーツの不思議　…82
「行動は言葉よりも声高にしゃべる」　…85
気持ちや態度を伝える　…90
コミュニケーションの交通整理　…94
表現をより豊かに、わかりやすく　…96
空間の意味するもの　…98

ノンバーバル・コミュニケーションの奥深さ …102
第4章 わたしは誰? セルフコンセプトとコミュニケーション …105
私はこんな人間 …108
私が私であるために――「本当の自分」とのギャップ …111
シグニフィカント・アザー――「大切な他人」 …114
セルフコンセプトとコミュニケーション・スタイル …118
自分を変えてみよう!――あなたもOK、私もOK …124
第5章 見ること、聞くこと、そして知ること …127
認知のフィルター …130
最初の5分間 …133
私のあなた、あなたの私 …141
聞くことと聴くこと …144
悪い聴き方、よい聴き方 …147
隣りの芝生はなぜ青い …154

第6章　自分をみせること　セルフ・ディスクロージャー……157
オタク……160
セルフ・ディスクロージャーって何？……163
セルフ・ディスクロージャーは恐い？……166
心の窓……174
フィードバックについて……178
コミュニケーションのためのよい雰囲気作り……183

第7章　コンフリクト……191
コンフリクトの基本パターン……194
価値観の違い……197
感情的になるということ……202
コンフリクトについての誤った認識……206
インターパーソナル・コンフリクトの上手な管理……209
コミュニケーションとコンフリクト……215

インターパーソナル・コンフリクトのメリット……216

第8章　充足のためのコミュニケーション……219
ニーズとはなにか？……222
ニーズのヒエラルキー……226
シューツの理論……231
満たされた関係とは？……232
ニーズをはっきりと伝えること……240

第9章　人間関係の発展プロセス……243
人の「魅力」とは？……246
人はなぜ引きつけあうか？……250
似たもの同士の謎……253
人間関係を発展させるということ……256
人間関係の発展段階……257
ナビゲーション　コミュニケーションの舵取り……270

人間関係の衰退のプロセス…271
人間関係活性化のためのコミュニケーション…279
エピローグ　よりよい人間関係のための7ヵ条…281

装幀・カバーデザイン／長谷部貴志
イラスト／森本美絵・長谷部貴志

プロローグ
インターパーソナル・コミュニケーションって何だろう？

寝ても醒めてもコミュニケーション

「コミュニケーション」が大流行である。事実、「親子のコミュニケーション」、「男と女のコミュニケーション」、「国際コミュニケーション」、「コミュニケーション・メディア」等の見出しが雑誌や新聞を飾っている。またそのひとつのバリエーションとして酒を飲みながらアフターファイブに「ノミ（飲み）ニケーション」に興じるビジネスマンやOLも少なくない。また、だれもが朝目が覚めてから夜寝るまでの間に大勢の人と会い、そのうちの何人かとは実際に会話を交わすだろう。その他にも、通勤・通学の電車の中で新聞や雑誌に目を通し、家でTVを見たり、車を運転しながらラジオを聞いたり、休む間もなくコミュニケーションをしている。コミュニケーションしないでいることの方が難しいくらいである。

試しにインターネットで「コミュニケーション」をキーワードに検索してみるとなんと780万件近くの検索結果がパソコンのスクリーン上に映し出される。そのいくつかを覗いてみると、「コミュニケーション」という言葉が新聞、雑誌、TVなどのマスコミをはじめ、コンピュータから携帯電話、家族、友達、職場で見られる様々な人間関係までかなり広い範囲をカバーしていることがわかってとても興味深い。また、「○○コミュニケーション」いう名前の企業のホームページも目に付くが、マスコミ関係、広告代理店、英会話学校、インターネットのプロバイダなど、その業種も多種多様である。このように「コミュニケーション」は何かスマートで、便利な言葉として現代人に広く受け入れられているようだ。

コミュニケーション研究の草分けのひとり、**フィッシャー**も「コミュニケーション」それ自体、「あらゆるところに存在し」、同時に「はっきりと定義できない曖昧な」ものだと主張している。このように「コミュニケーション」を一言で定義することはむずかしいが、それが普遍的なものであり、私たちの日常のさまざまな側面に関わりを持ってくる重要な要素であることだけは間違いなさそうだ。

日本語の「コミュニケーション」は外来語である。そもそも外来語とは外国文化に源を発する事物、風習、概念等に適切な日本語がない場合に発音をカタカナ表記して日本語の単語として準用するものだ。

フィッシャー
→Aubery Fisher (1978). *Perspectives on human communication*. New York: Macmillan.

「適切な日本語」がないということはどういうことを意味するのだろうか？　それはあるものが外国から輸入され、はじめて日本の社会や文化に登場した、あるいは昔からあるにはあったが日本人がきちんと言葉の上でそれを認識していなかったかのどちらかだと考えられる。「コミュニケーション」の場合はおそらく後者であろう。日常の多くの体験と文化背景を共有する日本人にとって、意思の疎通は比較的たやすいことであり、それほど努力を必要としないと思われてきた。したがって、「コミュニケーション」を特に意識する必要がなく、それを言葉や概念としてとらえて細かく検討したり、ましてや学問として研究対象になるとは考えなかったのであろう。人間ひとりひとりの性格や価値観、考え方、意見などの違いが「コミュニケーション」の障害となりうることをはっきりと意識して、「自分と他人は違っていて当たり前。自分のことをわかってもらうためにはちゃんと相手にわかるように伝える必要がある」という心構えでコミュニケーションしようとする欧米人とは対照的である。おなじ日本人だから「わかり合えるはず」という前提は**価値観の多様な現代**においてはもはや通用しない。そう考えないと誤解や意見の衝突などいろいろな問題が生じてしまう。「どうして自分の気持ちをわかってくれないのだろう?」と欲求不満を感じたりする前に、ここで一度発想の転換をしてみてはどうだろうか?

人と人とをつなぐ——インターパーソナル・コミュニケーション

本書のテーマであるインターパーソナル・コミュニケーション(interpersonal communication)というのも一言でわかりやすく説明することはむずかしい。その理由のひとつは上で述べたように「コミュニケーション」が意味するものが多種多様であり、しかもその言葉が余りに日常的に使われているからである。しかし、一般に「コミュニケーション」と広く理解されているものの基本となるのが「インターパーソナル・コミュニケーション(対人コミュニケーション)」だということをここでまず理解してほしい。

まず、インターパーソナル・コミュニケーションは比較的少数の人

価値観の多様な現代
↓社会や人間関係のあり方について画一的な伝統的価値観が変化し、様々な価値が混在する多様化(diversity)の進展が現代社会の特徴と言えよう。

インターパーソナル・コミュニケーション
↓対人コミュニケーションともいう。相対した最低ふたりの人間の間で行われる言語・非言語メッセージ交換のプロセスを言う。夢を見る、自分の頭で考え、意思決定をする、独り言を言うといった、ひとりの人間の中でプロセスが完結している場合は、イントラパーソナル・コミュニケーション(intrapersonal communication)として区別される。

間と相互理解や意思の疎通のために行う、言葉と身振り手振り、声その他、言葉以外の非言語メッセージのやりとりを意味する。この意味で全ての人間関係の基本だと言っても過言ではない。新聞、雑誌、テレビなどのメディアを利用して不特定多数の受け手に情報が送られるマス・コミュニケーションも、そこから得た情報が友達、家族、同僚など身近な人々との会話の話題になった瞬間にインターパーソナル・コミュニケーションへと変化する。つまり、「今朝のTVの天気予報によると今夜から雨になるらしいよ」とエレベーターに乗り合わせた会社の同僚に話しかけ、それに対して、彼が「どうしよう。傘、持ってきてないよ。今日は帰りが遅くなるのに・・・」と返事をすることでコミュニケーションのモードは「インターパーソナル」へと変わるのだ。

インターパーソナル・コミュニケーションは様々な状況・場面でみられる。インタビューや親子の会話、親しい友人同士が喫茶店でおしゃべりをするといった一対一の状況、プロジェクト・チームやグループでの討論等の小集団、選挙が近くなるとよく見られる立候補者の街頭演説、スピーチ、講演など大勢の聴衆のいる公の場、企業などで業務の円滑な遂行に必要とされる上司と部下、同僚間の情報伝達・交換のようなかなり体系化された組織内でのコミュニケーション、さらに外国人とのコミュニケーションに代表されるような文化背景の違いが重要な要因となる異文化間でのコミュニケーションなどバリエーションは多い。

言うまでもないことだが、同じ言葉を話していれば相互理解が図れるという保証はない。言葉ばかりでなく、言葉と一緒にコミュニケーションの道具として用いられる顔の表情、視線、ジェスチャーなども本質的に曖昧であって、その意味は人により様々に解釈されうるものだ。人間はしばしばそれらを意識的・無意識的に誤用したり、濫用したり、またそれによって誤解されたり、逆に相手の意図を誤解してしまったりする。この前提に立って、どうしたら「雑音」の少ないクリアーなインターパーソナル・コミュニケーションができるようになるかを考える必要があるのだ。

インターパーソナル・コミュニケーションが上手に出来るようになるためには自らが使用する言葉を自由自在に使いこなせるだけでは十

分ではない。それぞれの文化や社会により異なる適切なコミュニケーションのスタイルやルールに関する知識も必要だ。さらに、これら全ての知識を実際の状況や場面に即してメッセージの送受を正確かつ効果的に行える能力をもっているかどうかが重要なポイントである。

インターパーソナル・コミュニケーション、特に自分と相手がその場に居合わせているケースではメッセージの送受は言葉や言葉以外の手段を用いてある特定の時間の中で「リアルタイム」で行われる。そこでは送り手と受け手を明確に区別することが難しいので、その場にいる人間は全てインターパーソナル・コミュニケーションの「参加者」として平等の立場にあるとみなす。さらに、参加者は単に言葉を交わすだけでなく、それぞれが自らの感情や考え、そして価値観などを伝えあい、**共有**する。だから、インターパーソナル・コミュニケーションはメッセージの送り手のみが意志をもち、受け手の側は受動的にそのメッセージを受信するだけというような一方通行型のコミュニケーションではなく、双方向の「人と人との交流」としてイメージすべきものである。

共有（sharing）
↓人間関係を語る時のキーワードのひとつ。意味の共有、認識の共有、価値観・考え方の共有、などお互いの主観を超越した「共通理解」の基礎となるもの。

さらに、インターパーソナル・コミュニケーションは人間関係の発展のプロセスと密接に関わりあう。赤の他人↓知り合い↓友達↓より親密な関係へと発展するプロセスでインターパーソナル・コミュニケーションが盛んになってゆく。一方、相手とどの様な人間関係にあるかによりコミュニケーション・スタイル、内容、メッセージの解釈の仕方等が変わってくる。例えば、相手が自分と比べて目上の人である場合には敬語を使うことが適切と判断される。インターパーソナル・コミュニケーションと人間関係はこのような「相互依存」の関係にあるのだ。

最後に、インターパーソナル・コミュニケーションは人間にとって非常に実践的な行為である。従って、そこには目的がある。例えば、自分をとりまく外の世界や世の中の動きを知るために他人と情報交換を行う、自分を他人がどう見ているかを確認しつつ、自己イメージやアイデンティティーについて考えてみる、「人づきあい」など単に他人と社会的に交わる、企業や学校などの組織で他の人々と協力して何らかの共通の目標を達成する、社会の一員として適切な行動がとれるよう社会が自分に何を期待しているかを的確に判断し、必要なインターパーソナル・コミュニケーションのルールを学ぶ、また人間の持つ様々な欲求を満たすことなどがその目的となりうる。しかし、日常において、私たちは常に目的を意識しながら人とコミュニケーションをしているわけでないし、複数の目的を同時に目指すような場合もあるだろう。

以上インターパーソナル・コミュニケーションの基本について紹介してきた。それが人間の行う活動として、とても深い意味を持っているのだということがわかってもらえたと思う。そして、もっと広い視野から人間関係の基礎となるインターパーソナル・コミュニケーションの重要性やその役割を考えてみてほしい。

インターパーソナル・コミュニケーションの達人への道

インターパーソナル・コミュニケーションは人間が社会生活を円滑に営むために必要不可欠な行為である。そしてその役割は全ての参加者に目的達成のための手段を提供することである。第1章ではその基本的概念や考え方を紹介する。

言葉や言葉以外の手段を使って自分が日々出会ったり、関わりを持ったりする様々な人との交流や相互理解を図ることもインターパーソナル・コミュニケーションの大切な目的のひとつである。そこで、第2章、第3章では、言葉によるコミュニケーションや非言語コミュニケーションの様々な問題点を考えてみたいと思う。また自分を取り巻く「外の世界」を見たり、経験したりしていままで知らなかった新しい情報や知識を得るためにもインターパーソナル・コミュニケーションは欠かせないものだ。このことについては第4章で取り上げ、外界の認識や他人の印象に私たちの認知のプロセスがどう影響しているかを一緒に考えてみることにする。

また、「自分についてもっとよく知る、そして知ってもらう」また、「自分自身を適切に表現したり、相手に本当の考えや気持ちを伝える」ためのインターパーソナル・コミュニケーションについては本書の第5章、第6章で詳しく説明している。この世の中で自分のことを一番よくわかっている人間は必ずしも自分自身ではない。だから、親友、家族といった自分と深く関わり合っている人々とのインターパーソナル・コミュニケーションを通じて、本当の自分を発見することも大切なことだ。

社会の変化とともに、私たちが直面する問題もますます複雑になってきている。家庭でも、職場でも、学校でも自分ひとりで解決できる問題のほうがおそらく圧倒的に少ないだろう。何か決めるにしても、与えられた課題を達成するにしても他人と協力せず、独力で行うことはほとんど不可能である。その意味でも、インターパーソナル・コミュニケーションは現代を生きる私たちにとって重要な意味を持ってきているのである。それぞれ考え方も価値観も違う複数の人間が集まれば、人間関係で様々な問題が当然おきるだろう。そのような場合にどう対処したらよいかについては第7章で詳しく述べる。インターパーソナル・コミュニケーションが私たちの基本的欲求の満足にどう関係するかについては第8章で説明している。

インターパーソナル・コミュニケーションでは、人との交わりそのものが目的の場合もある。友人との何気ない会話などインターパーソナル・コミュニケーションそのものを楽しむことだってある。一見、無駄のようだが、人間関係の潤滑剤として、そしてまた人間関係を発展させたり、維持するために必要なことだ。インターパーソナル・コミュニケーションが人間関係の発展とどう関係するかについては第9章で詳しく分析してみることにする。

かつて日本の社会や文化は「**一億総中流**」とまで言われたように、非常に同質性の高いものであったし、今日でもその特徴は見られる。しかし、現代の日本をそのように画一的にとらえることは到底できないだろう。民族・文化の「**モザイク**」あるいは「**サラダボール**」であると言われるアメリカ社会には及ばないまでも、今後「多様化の時代」の進展に伴い、日本人にとっても「インターパーソナル・コミュニケーション」を意識することがますます重要になってくると思われる。本書はそんな願いを込めて、学生、社会人を含め全ての日本人にとって「古くて、新しい」概念であるインターパーソナル・コミュニケーションを易しく解説したものであり、本書を手にとって読み進むうちに、読者のみなさんが人と人とのコミュニケーションについて常日頃から感じていた疑問に対する答えや、謎を解くカギが見つけられるのではないかと思う。

一億総中流
↓一九六六年の「国民生活白書」で日本人の約半数が自らを「中流階級」と意識していると発表されたことから、日本人を形容するのに「一億総中流」、「中流幻想」といった言葉が生まれた。

モザイク、サラダボール
↓多民族・多文化国家であるアメリカ合衆国を例えた表現。各民族・文化がそれぞれ独立したアイデンティティーを保ちながら、渾然一体となっているアメリカ社会の実状を「人種のるつぼ」という表現よりも正確に表しているとされる。

第1章
インターパーソナル
コミュニケーションについて
知っておくこと

インターパーソナル・コミュニケーションのプロセスとは？

まえがきでも述べたように、インターパーソナル・コミュニケーションは人間が行う実践的な行為であって、その目的には次のようなものが含まれる。

①自分をとりまく外の世界についての情報を得るため（例えば、「今日の天気予報はどう？」と誰かに尋ねることなど）
②自分自身を他者の目を通して見ることで自己イメージの確認をするため（例えば、「私のことどう思う？」と自分の印象を他人に尋ねる）
③単に他人と社交的に交わるため（いわゆる「人づき合い、友達づき合い」のコミュニケーションのこと）
④所属する文化、社会、また集団の他のメンバーと協力して何か共通の目標を達成するため（例えば、企業や学校などで行うチームワーク、クラブ活動、グループでの共同作業などで必要とされるコミュニケーション）

プロセス
→インターパーソナル・コミュニケーションは人がこの世に生まれた瞬間に始まり、この世を去るまで継続する、人間のもっとも基本的な営みであり、社会活動においては常に現在進行中の「過程（process）」であると考える。

⑤社会の一員として自分に期待される行動パターンを見極めるとともに、必要なコミュニケーションや人間関係のルールを学習するため（例えば、「敬語の使い方」や「上座・下座」に関する社会的ルール）

⑥様々な人間の欲求を満たすため（例えば、「私は水が飲みたい」と相手に伝えること。「生理的欲求」から「自己実現の欲求」まで人間の基本的欲求の伝達を含む）

ここでもう一度、インターパーソナル・コミュニケーションの基本原則をまとめてみよう。

原則1　言葉ばかりでなく、表情やジェスチャーなどを含む言葉以外のコミュニケーション手段によって伝えられる情報は本質的に曖昧かつ不完全なものである。それが理由で様々な誤解が起きる。そのような前提に立って、いかにしたら『ノイズ（雑音＝誤解される曖昧な要素）』を減らした、より効果的なインターパーソナル・コミュニケーションが出来るようになるかを考えてみる必要がある。次のような例を考えてみよう。

太郎「今度の週末に家で友達と焼き肉パーティーやるけど、君も来ない?」
花子「ありがとう。行けたら行くね」
（一週間後）
太郎「どうして家に来なかったの?　みんな待ってたんだよ?」
花子「ごめん。でも、絶対に行くとは言わなかったよ、私」
太郎「あの時、行けたら行くって、言ったじゃないか」
花子「他の用事があったんだけど、断るのも悪いと思って、そう言っただけなの」
太郎「・・・」

この会話について皆さんはどう思われるだろうか?　「花子が必ず来る」と思った太郎が悪いのか、それともはっきりと「行けない」と言

わなかった花子が悪いのか。とても難しい問題だ。ただ、言葉の曖昧さがこうした誤解を引き起こしたことは間違いない。

原則2　インターパーソナル・コミュニケーションには「読み、書き、話し、そして聞く」言語の語彙はもとより音声学的情報、文法、そして使われる言葉の意味について基本的知識を備えていることに加えて、文化や社会により異なるコミュニケーションのルールに関する知識も必要である。これら全ての知識を実際のインターパーソナル・コミュニケーションの場面に適用し、メッセージの送受を正確かつ効果的に行える能力が求められる。例えば、日本人は「謙譲の美徳」が良しとされており、「謙遜する」ことが一種のコミュニケーション・ルールとして定着している。例えば、次のようなやりとりは日本ではごく自然である。

太郎　「本日はお招きいただきありがとうございます。これはほんのつまらないものですが、どうかご笑納ください」

コラム
日米の magic word
人間関係をスムーズにする潤滑剤の役目をする言葉(magic word)がそれぞれの文化にはある。「謙譲の美徳」を重んじる日本人は自分が相手に対してへりくだることが人間関係においては重要であり、それは「すみません」という言葉である。一方、アメリカ人は“Thank you”という言葉を非常によく使う。平等主義のアメリカ社会では相手に「感花子「そのような無用なお心遣いはどうぞなさらないでください。こちらこそ申し訳ありません。お口に合うかどうかわかりませんが、簡単なお食事を用意させていただきましたのでどうぞお召し上がり下さい」

もし太郎がアメリカ人の家に招かれて、同じことを英語で言ったらどんな反応が返ってくるだろうか？「何故、自分でつまらないと思っているものをわざわざくれるのだろうか？」と、とまどってしまうか、なかには腹を立ててしまう人もいるかも知れない。また、招待したアメリカ人がはたして花子のような応対をするだろうか？

原則3　インターパーソナル・コミュニケーションでは言語・非言語メッセージのやりとりは時間の流れのなかで行われる。特に相手が目の前にいる場合にはそれがほぼ同時に行われることになり、送り手／受け手の区別を明確に捉えることは困難である。したがって、その場にいる人間は全て参加者として同じ役割を演じているとみなされ

謝の意」をストレートに表すことが人間関係を円滑にするためには望ましいとされるからである。日本人が感謝の意味の「すみません」のつもりで、英語で“Excuse me”とか“I'm sorry”というと、大変な誤解を招くので要注意だ。アメリカ人は自分が何か無礼なことをした時や過ちを犯した時にしか“Excuse me”とか“I'm sorry”と言わないからである。アメリカ人の親は子どもが“Thank you”をきちんと言えるようにしつける。子どもが言い忘れると必ず、“What's the magic word?”と問いかけるのである。

る。さらに、全ての参加者は単に言葉を交わしているだけではなく、その人の全人格を反映した形でインターパーソナル・コミュニケーションを行っている。つまり、その人の人柄や性格はコミュニケーション・スタイルにそのまま表れる。話をしているだけでその人がどんな人かが印象としてわかるのはこのためだ。

インターパーソナル・コミュニケーションに必要なもの

これまでの話から、インターパーソナル・コミュニケーションを簡潔に言葉で定義することがむずかしいことはわかっていただけたことと思う。そこで、物理や化学の分野でよく用いられる「操作的定義」の手法で説明を試みたい。「操作的定義」とは、ある事象をそれが存在する、あるいは再現するために必要な条件・手順を示すことで定義することである。例えば、水が酸素と水素から成り立っていることを電気分解という実験手法で示すことである。それでは、インターパーソナル・コミュニケーションが成立するためにはどのような条件が満たされなければならないか考えてみよう。

（1）参加者

まず、インターパーソナル・コミュニケーションには、成り立つための主体が必要である。インターパーソナル・コミュニケーションに限れば、もちろん、それは私たち人間ということになる。動物のコミュニケーションについても、チンパンジー、イルカ等を用いて科学的な研究が続けられているし、愛犬家・愛猫家の多くはペットとの「コミュニケーション」を楽しんでいるかも知れない。また、ハイテク技術者は、人間とコンピュータとのコミュニケーション、つまり「インターフェース」をいかに改善するかという研究を行っている。ただし、厳密に言うと、これらはインターパーソナル・コミュニケーションではない。相手が動物や機械だからだ。

インターパーソナル・コミュニケーションでは少なくともメッセージの送り手と受け手のふたりの人間が必要である。特に、目の前にいる相手とのコミュニケーション（face-to-face）の場合はメッセージのやりとりのタイムラグが最小となり、自分が話している間も「相手の表情、目の動きやボディー・ランゲージ」といった相手からのメッセージ（これを「**フィードバック**（feedback）」と言う。）を常に受け取っているのだ。このように人間は「送り手」と「受け手」の両方の役割をほぼ同時に演じながらインターパーソナル・コミュニケーションに「参加」しているわけだ。当然、コミュニケーションには、それぞれの「参加者」の個人的特質、例えば自己イメージ、能力、性格、態度、感情、思想、等が影響し、また間接的にはそれぞれが所属するグループ（例えば、文化、社会、学校、企業、家庭、等）の考え方や価値観が反映される。これが個人の「**コミュニケーション・スタイル**」と呼ばれるものである。

(2) メッセージ

インターパーソナル・コミュニケーションはよくキャッチボールに例えられ、「メッセージ」はやりとりされる「ボール」ということになる。ところが、ふたりの人間の間でやりとりされる点では似ているが、インターパーソナル・コミュニケーションで交わされる「メッセージ」は、ボールのように無機的な物体ではない。「メッセージ」は

フィードバック
→電気工学や情報工学の用語。出力側から入力側にエラー訂正等の目的で信号を戻すこと。

コミュニケーション・スタイル
→人がそれぞれ身につけている、自分の個性にふさわしいコミュニケーションの型（スタイル）のこと。それはインターパーソナル・コミュニケーションを通して言動や態度に表れ、相手が自分に持つ印象に強く影響を与える。

「**シンボル**」をある特定のルールに従って組み合わせることにより構成された「意味」の単位である。ここで言う「シンボル」とは「記号・象徴」のことであり、現実世界の中に存在する事物や現象、関係の名称を示すラベルのようなものである。その代表的なものが言葉（単語）である。頭の中である考えやイメージが生まれても、それが相手と共通の、もしくは相手の理解できる言語やボディー・ランゲージのような非言語シンボルを使って翻訳（エンコード）され、なおかつ相手がそのメッセージを受け取って解読（デコード）できなければインターパーソナル・コミュニケーションが成立しているとは言えない。換言すれば、「意味を持ったシンボル」を用いてメッセージをやりとりすることではじめてインターパーソナル・コミュニケーションが成り立つわけだ。

例えば、日本語を知らないフランス人とフランス語を知らない日本人が話をしようとしても、やりとりされるシンボルが双方にとって「意味をなさない」ためにインターパーソナル・コミュニケーションが成り立たない。このような場合は、我々は、お互いが理解できる非言

シンボル
→このようなシンボルを自由に操ってコミュニケーションできる能力が、人間を他の動物と区別する最大の特徴である。

語シンボルである身振り・手振りによって、意思をなんとか伝えようとするのである。

(3) 媒体・手段

メッセージを相手に伝えようとしても、その伝達のための媒体・手段がなければインターパーソナル・コミュニケーションは成立し得ない。言語メッセージの場合には、「音声」と「文字」が基本的な媒体になる。一方、非言語メッセージは身振り、手振り、目線、顔の表情といったように身体全体が媒体になり得る。また、送られたメッセージは、視覚、聴覚、触覚、味覚、嗅覚の五感を通して受け取られる。それ故、人間の五感を「コミュニケーションのチャンネル（伝達経路）」と呼ぶこともある。そして、科学技術の発展により、人間はコミュニケーションにおいて、距離、参加者数、情報量、そして時間に関わる限界や壁を次々に克服することができたのである。通信衛星やインターネットの発達により、毎日大量の情報が世界中を駆けめぐり、何億通もの電子メールが飛び交って、リアルタイムで何万、何百万の人々がインターパーソナル・コミュニケーションに参加しているのだ。

(4) 状況・コンテクスト

インターパーソナル・コミュニケーションは、それが行われる状況・コンテクストに依存する。例えば、日本語で敬語を使うかどうかは、状況によって決まる。つまり、文章と同様に人と人とのコミュニケーションにもコンテクスト（文脈）があり、やりとりされるメッセージの意味はその中でのみ意味を持ち、その文脈に従って解釈されるべきものである。この場合、状況とは、自宅、会社、学校、街角、喫茶店等に代表される物理的状況（場所）のみならず、友達同士、上司・部下、先生と学生といった特定の人間関係で表されるような社会的状況が含まれる。さらに、広い意味での「文化」もインターパーソナル・コミュニケーションのコンテクストとして重要なものである。

(5) 活動・行為

インターパーソナル・コミュニケーションは人間の従事するさまざ

まな活動・行為に付随して行われるものであり、また極言すればそうした活動・行為そのものでもある。だから、全ての人間の活動・行為はインターパーソナル・コミュニケーションへと発展する可能性を秘めていると言っても過言ではない。具体例で説明しよう。時には「なんとなく人と会いたくない。話をしたくない」と思う日だってあるだろう。そんなときは、無意識に他人との接触を避けようとしてしまう。でも、人と目を合わせない、挨拶をしないなどの行動が特別な意味（例えば、「あの人は冷淡だ」、「あの人は私を無視した」等）に周囲の人々が解釈してしまったら、**自分の意図とは関係なく、インターパーソナル・コミュニケーションが成立してしまうのである**。なお悪いことに、そこには甚だしい誤解が生じてしまうのである。

日本語では、インターパーソナル・コミュニケーションという抽象的概念のかわりに、それに関わるより具体的な活動・行為を言葉で表現する。このことからも、日本人は、インターパーソナル・コミュニケーションという活動を包括的に捉えることをしなかったのかも知れないし、あるいはその必要性を感じなかったのかも知れない。

自分の意図とは関係なく、・・・成立してしまうのである。
↓「コミュニケーションしないことは不可能である（"You cannot NOT communicate."）」インターパーソナル・コミュニケーションの3大原則のひとつ。他の2つは「全く同じコミュニケーションを2度繰り返すことが出来ない（"Communication is unrepeatable."）」と「一度行ったコミュニケーションはあとで取り消すことができない（"Communication is irreversible."）」。

コラム
日本語の中のコミュニケーション
↓「コミュニケーション」という言葉と連想する事柄を思いつくまま書き出してみよう。「人と話をする」、「人の話を聞く」、「電話をする」、「会う」、「デー

（6）目的

インターパーソナル・コミュニケーションは、非常に実践的な人間の活動・行為であり、明確な目的をもって行われる。前に述べたように、本人は「今日は人に会いたくない。話をしたくない」という意思を伝えるためにとった行動であっても、周囲の人間にはそのような目的であったとは受け取られないケースもあるが、普通、インターパーソナル・コミュニケーションの「目的」と言った場合には、参加者の「共通目的」を指すことが多く、複数の参加者の協力によりその共通目的の達成を促進するための行為と見なされる。具体的には、相互理解、説得、交渉、人間関係の発展、実際に具体的な目標をもって行う共同作業等が目的となることが多い。

以上、インターパーソナル・コミュニケーションの過程を構成する要素から、その概念を操作的に定義してみた。次に、インターパーソナル・コミュニケーションの基本的モデルを示し、視覚的に理解してみよう。

ト」、「人づきあい」、「相談」、「おしゃべり」、「一家団らん」、「会話」、「うわさ話」、「意思の疎通」、「心の交流」、など全てがコミュニケーションであるが、これらをまとめて表現する言葉が日本語にはない。

インターパーソナル・コミュニケーションの基本モデル

コミュニケーションのプロセスには、大きく分けて3つのタイプがあると考えられている(下図参照)。リニア・プロセスモデルは、矢印で表されているメッセージの流れが1方向であることが特徴的である。AとBの間のインターパーソナル・コミュニケーションでは、Aは常にメッセージの送り手であり、Bは常に受け手である。この二者の間で役割が交代することはない。このリニア型のコミュニケーションは、例えば大教室で大勢の学生を相手に講義をしている状況や、親が子どもに説教をしている状況において起こりやすい。受け手から「フィードバック」と呼ばれるレスポンスがほとんど返されないのである。**ブーバー**は、こうしたタイプのコミュニケーションは「モノローグ(独白)」であり、AはBをコミュニケーションの対等な参加者とは見ておらず、本当の意味でのインターパーソナル・コミュニケーションとは言えないとしている。

第二のモデルは、相互作用プロセスモデルと呼ばれる。このモデルは、AとBが送り手と受け手の役割を時間の経過と共に規則的に交代

ブーバー
→Martin Buber (1965). *The knowledge of man* New York: Harper & Row

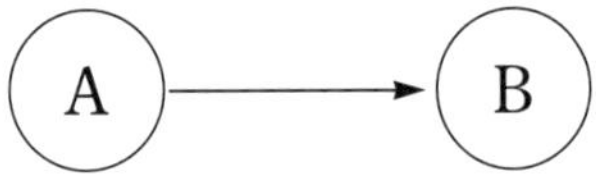

リニア・プロセスモデル

するような状況を表している。代表的なケースは、電話での会話、ミーティングでの質疑応答などである。この場合、メッセージの流れは2方向で、インターパーソナル・コミュニケーションであるが、かなり形式的なものになる傾向がある。従って、インターパーソナル・コミュニケーションといってもビジネス・ライクなやりとり、あるいは人間関係の初期段階で多く見られるものである。

最後に、交流プロセスモデルであるが、ブーバーは、このようなコミュニケーションのパターンを「ダイアログ（対話）」と呼び、親密な人間関係で一般的に見られると言っている。この交流プロセスモデルで表されるインターパーソナル・コミュニケーションの特徴は、AとBとの間で言語・非言語メッセージが双方向に絶え間なく流れることである。このような状況では、AとBのどちらが送り手でどちらが受け手であるかを決めることはできない。両者が同時にメッセージの送り手と受け手のふたつの役割を演じている。つまり、AもBも本当の意味でインターパーソナル・コミュニケーションの「参加者」なのである。この意味でコミュニケーションは自然に、自発的に行われ、

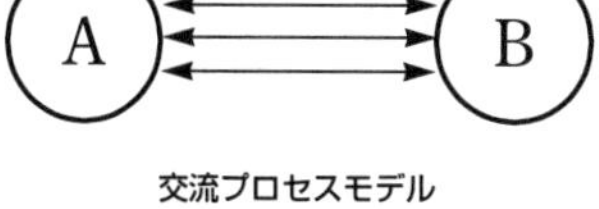

交流プロセスモデル

相互作用プロセスモデル

メッセージの流れもスムーズである。何年も連れ添った夫婦とお見合いの席ではじめて会ったカップルとの違いを想像してみれば、その意味がわかってもらえると思う。

私たちは、この三つのコミュニケーションパターンを前述の状況・コンテクスト、活動・行為の性質、そして目的に応じて使い分けているのである。そうした使い分けを適切に行えるかどうかで、その人のコミュニケーション能力がある程度判断されるわけだ。

適切なインターパーソナル・コミュニケーションとは?

インターパーソナル・コミュニケーション自体は、日常的なもので誰でも普通にやっていることなのだが、それが得意な人がいる一方で、あまり上手ではない人もいる。それは私たちが生まれながらに持っている「天賦の才能」ではなく、成長していく過程で身につけていく「スキル(技術)」だと考えられている。だから、ピアノを弾けるようになることや、自転車に乗れるようになることとあまり変わりはない。要は「練習」次第であるし、「私は引っ込み思案だから・・・」、「俺は無口な人間だから・・・」等と、全てを性格のせいにしてしまうことは決してよい対処法とは言えないのだ。「コミュニケーションの達人」は、努力と日々の研鑽によって作られるものなのだ。そのことを頭に置きながら、適切なインターパーソナル・コミュニケーションについて少し考えてみよう。

インターパーソナル・コミュニケーションが適切に行われたかどうかは、次に挙げる公式に示されるように、送り手の意図した意味（感情や気持ち、情報、意思、等）がメッセージの受け手にどのくらい正確に伝わるか（再現されるか）によって決まる。

CEI＝RM／SM

CEI　＝コミュニケーションの効果インデックス（最適値＝1）
RM　＝受け手の理解した（再現した）メッセージの意味
SM　＝送り手の意図したメッセージの意味

ＣＥＩが１に等しいことが理想であり、ＣＥＩが１以下だと送り手の意図した意味が100％相手に伝わってないわけだし、逆にＣＥＩが１以上だと、受け手の方が元のメッセージにはない余計な意味を付加してしまっている、**つまり話に尾鰭がついてしまっている状態を示すのだ。**

ここで、さらにもう一つ注意すべきことは、あるメッセージが有効であったかどうかは受け手の反応によって判断されるという点である。送り手が意図したように受け手はなかなか動いてくれずに苦労することも決して希ではない。大学の講義でも学生にあとで聞いてみると、肝心の授業内容よりも授業中の雑談の方がおもしろかったなどと言われてがっかりすることもある。また、話題となった最近のＴＶコマーシャルにも、その商品よりも出演したタレントの方が売れてしまい、企業の思惑が外れてしまった例もある。こうした例を出すまでもなく、インターパーソナル・コミュニケーションが効果的に行われるためには、複雑に絡みあったさまざまな条件を考慮しながら、メッセージのやりとりを行う必要があるわけだ。

つまり話に尾鰭がついてしまっている状態を示すのだ。
↓伝言ゲームがその好例。

しかし、インターパーソナル・コミュニケーションは単に意味や情報の伝達だけではなく、人間関係の発展、相互理解、説得、交渉、共同作業など幅広い領域をカバーしているため、インターパーソナル・コミュニケーションの目的・機能の視点から大きく捉えることが重要である。ここでは、インターパーソナル・コミュニケーションの効果を判断するために、「実利主義的基準」、「満足度の基準」、「倫理的基準」の3つの基準を考えることにする。

「実利主義的基準」とは、インターパーソナル・コミュニケーションの参加者がメッセージのやりとりを通してそれぞれの個人的な、あるいは共通の目的を、どの程度首尾良く達成することができたかに関わるものである。「満足度の基準」とは、インターパーソナル・コミュニケーションのプロセスや結果に、参加者がどの程度個人的に満足したかを測るための基準である。最後に「倫理的基準」では単に道徳的規範を守ることだけを指すのではなく、もっと広く、参加者の基本的な心構えを問題とする。倫理的にインターパーソナル・コミュニケーションを行うとは「お互いの権利や主張を尊重する」こと、さらには

コラム

罪の倫理観・恥の倫理観

→欧米の文化においてはキリスト教の倫理観(ethics)や道徳観(morality)が人間関係やコミュニケーションのあり方に強い影響を及ぼしている。欧米人にとって神(God)の教えに背くことがすなわち「罪(sin)」である。日本人の場合、この絶対的な神に代わって我々の行動をコントロールしているのは「他人の目」である。「世間」であり、「他人の目」である。電車の中で騒ぐ子どもを母親が「静かにしなさい。まわりの人がみんな見ているじゃない。」と叱ることなど、我々の行動規範のベースには「恥」や「世間体」といった概念があるのだ。

「お互いをひとりの人間として尊敬する」ことを意味するのである。したがって、たとえ「実利主義的基準」と「満足度の基準」を両方とも満たしていても最後の「倫理的基準」が満たされていなければインターパーソナル・コミュニケーションが適切に行われたとは言えないし、その参加者の評価も低くなるのである。すなわち、「人を騙して自分の欲しいものを手に入れること」など、「目的のためには手段を選ばず」式の考え方は受け入れられない。インターパーソナル・コミュニケーションにおいては、この三つの基準を全て満足させながら、適切な方法でメッセージのやりとりを行い、最終的に所期の目標を達成していける能力が求められるわけだ。

ここまで読んでもらえれば、**コミュニケーション能力やスキルが「生得的」なものではなく**、社会化の過程において私たちひとりひとりが、周囲の人間との関わりの中で身につけていくものであることがわかってもらえたと思う。

コミュニケーション能力やスキルが「生得的」なものではなく・・・
↓誰でも学習し、訓練を積めば、「コミュニケーションの達人」になれるというわけだ。がんばろう！

第2章
ことば、コトバ、言葉

人間が他の動物ともっとも違う点は何かと言えば、それは言葉をコミュニケーションの道具として自由に操れることだ。もちろん、イルカが超音波でコミュニケーションしていることには、アメリカ国防省がその軍事目的での利用のために注目しているし、蜜蜂が仲間に、お花畑の位置を教える「ハチのダンス」についても良く知られている。またアメリカではチンパンジーに人間の言葉を教える研究も長年行われており、一部の高等動物には人間の言語を学習する能力があることが明らかになっている。しかし、人間の言語運用能力には遠く及ばない。アメリカの言語哲学者**ケネス・バーク**は人間を「言語を使用するばかりか、言語を誤用し、また濫用する動物である」と定義している。彼は言語は便利な道具であるが、それを人と人とのコミュニケーションの中で不注意に使うと、様々な問題が生じてくるということについて私たちに警告しているのだ。ここで言語コミュニケーションのいくつかの特質を見てみよう。

ケネス・バーク
→Burke, Kenneth (1954). *Permanence and change*. Indianapolis, IN: Bobbs-Merrill.

シンボルとしての言葉

基本原則は、「言語は現実の世界をそっくりそのまま映し出すものではない」ということである。言い換えれば、言葉は現実に存在するものや人、また起こった出来事などを指し示したり、その象徴（シンボル）として使うものである。言葉のおかげで、私たちは過去の出来事や体験、また実際に自分の目で見たことのないことでも、新聞や雑誌、テレビから得た情報があれば、会話の中で話題にすることができるのである。これがシンボルとしての言葉の便利なところである。人類に歴史があるのも、実は私たちが言葉を持っていたから可能になったことである。何百年前、何千年前にどこで何が起きたかを現在知り得るのは、言葉によって人間が事実を記録してきたからである。これは動物の中でも人間だけに許されたことであって、このように言葉は**過去、現在、未来の時間を結びつける機能**を果たしているのである。

また同時に、インターパーソナル・コミュニケーションもシンボルを介して他人と意味（感情／気持ち、情報、意思、等）を共有するプロセスであり、人間がシンボルを使えなければ、今まさにふたりの目の

過去、現在、未来の時間を結びつける機能
→これを言語の time-binding functionという。もうひとつの重要な機能が言うまでもなく人と人を結びつけるpeople-binding functionである。

前で起きていることしか話題にできず、人間関係にも様々な制約がでてくるだろう。

シンボルとしての言葉を理解するのに格好のモデルがふたりの言語学者によって紹介されている（下図参照）。**オグデンとリチャーズ**の「意味の三角形」がそれである。図を見てもらえればわかるとおり、正三角形の頂点にレファレンス、底辺の右にレファレント、左にシンボルが配されている。

レファレンスは私たちの頭の中にあるイメージや考えを、レファレントは現実に存在する対象（人間、事物）を、そしてシンボルは言葉を表している。言葉によるコミュニケーションがスムーズに行われるためにはレファレンスはレファレントを「適切に」表現し、一方シンボルはレファレンスと「正確に」対応していることが必要である。しかし、このモデルで三角形の底辺の部分が点線で書かれている点に注目して欲しい。このことはレファレントとシンボルの間には明確に定義された、直接的な関係がないことを意味している。これを「シンボルの恣意性」と呼ぶ。同じ言葉を話す人々が集まって作っている集団

オグデンとリチャーズ
→Ogden, C.K. & Richards, I.A. (1923). *The meaning of meaning*. London: Kegan. Paul, Trench, Trubner.

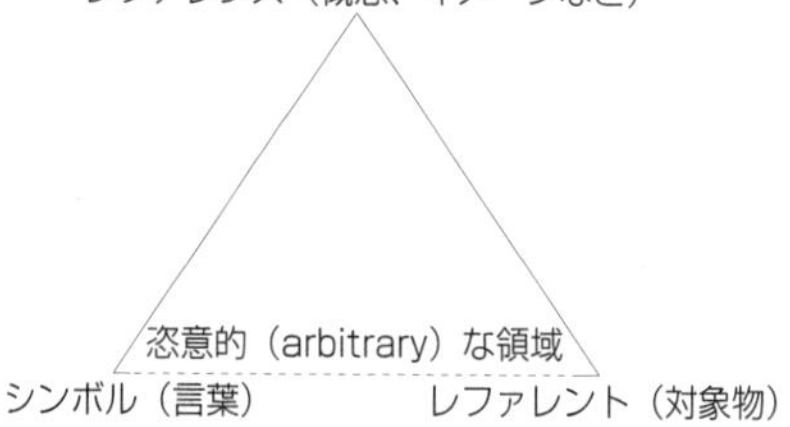

意味の三角形(Ogden & Richards, 1923)

を「言語コミュニティー」といい、イギリス、アメリカ、オーストラリア、カナダの一部を含む英語圏、スペイン、ブラジルを除く中南米で構成されるスペイン語圏などがこの「言語コミュニティー」ということになるが、同じ文化の中でも例えば黒人はアメリカの中でも特殊な「言語コミュニティー」に属しているし、日本でもいわゆる「業界人」や「コギャル（女子中高生）」、「方言のある地域」もまた独自の「言語コミュニティー」を構成していると考えられる。

話を戻そう。「シンボルの恣意性」とは、現実にある何かをどんな言葉で指し示すかはその「言語コミュニティー」に属する人々が自由に（勝手に）決められ、そしてそのような「取り決め」はその「言語コミュニティー」にのみ通用することを意味している。「机」や「椅子」といった身近な事物でさえ、なぜそのような名前で呼ぶのかわからないが、まわりの人が皆そう呼ぶから自分達もそうしている、そうしないと通じないからそうせざるを得ないというわけだ。この日本人同士の「取り決め」は別の「言語コミュニティー」に一歩足を踏み入れると全く意味をなさなくなってしまう。アメリカに行けば私たちが「机」、

コラム

黒人の属する言語コミュニティー

↓いわゆるBlack Englishで、発音、語彙、文法が標準的なアメリカ英語とはかなり違う。黒人はBlack Englishを話すことで黒人としての連帯意識を強めている。黒人も白人中心の社会に適応するためには標準的な英語を話す必要があるが、黒人に対してはBlack Englishに即切り替えることが暗黙のルールになっている。アメリカで大学進学者が受験する共通学力テスト（SAT）で問題が標準的なアメリカ英語で出題されていることが黒人の高校生の大学進学を阻んでいるとかつて問題になったことがある。

「いす」と呼んでいるものを“desk”や“chair”と呼ばなければコミュニケーションは不可能である。それは単に英語を使う「言語コミュニティー」ではそう呼ぶという、また違った「取り決め」がされているからに過ぎない。このように文化や「言語コミュニティー」が異なれば同じ事物を指し示す言葉が変化するという考え方を「**言語相対主義**」という。逆に同じ言語を話すということが私たちのアイデンティティーや文化や**グループに対する帰属意識**に大きく影響していることも忘れてはならない。グループのなかでは独自の文化が形成され、新しい言語が生まれる。そしてそれによって「仲間」か「よそ者」かが区別されるのである。例えば、関西人は関西弁に強い愛着を持っており、関西弁を使うことが彼らのアイデンティティーの中心にあるという。だから、東京の人間が関西弁をまねしたりすることを、あまり快くは思わない。「業界用語」や「コギャル語」、学生の使うスラングなど全てがこのアイデンティティー形成機能を果たしているのだ。

言語相対主義
→サピア・ウォーフの仮説(Sapir-Whorf Hypothesis)とも呼ばれるもので、それぞれの文化に特有の言語システムが存在し、その文化における、ものの考え方や行動様式は、その文化で話される言語の構造に左右されるという言語決定主義につながる考え方。

グループに対する帰属意識
→自分がそのグループの一員であると認識すること。自分のアイデンティティーの拠り所としてのグループの重要性が意識される。

言葉は思考を左右する

私たちが何かを頭に思い浮かべ、それについて思いを巡らすとき、私たちは自分自身の中で言葉によるコミュニケーションをしている。「名前のないものは現実に存在しない」と言ったのは言語哲学者の**ヴィトゲンシュタイン**であったが、これは名前を付けることによってその対象が認識できるようになり、それによって初めて思考が可能になるということを意味している。

日本人にとって主食である「米」について考えてみよう。日本には十何種類もの米の品種・銘柄があり、それぞれに名前が付けられ、私たちもそれらの違いをわかっているかのように振る舞っている。「コシヒカリが一番うまい」、「寿司飯にするにはササニシキに限る」といった議論を一般の人もするし、また、いくら安くても外国の米になかなか手を出さない。日本人が様々な米の銘柄について、うんちくを語り、また味やその他の特徴について判断を下すことができるのは米に関する語彙が日本語には多くあるからである。一方、アメリカ人は米について日本人のように事細かに語ることはしないし、またできない

ヴィトゲンシュタイン
→Wittgenstein, Ludwig (1922). *Tractus Logico-Philosophicus*. London: Routledge and Kegan Paul.

であろう。何故ならば、英語では単に米粒の「長短」を基準とした分類しか許されないからである。いわゆる外米の米粒は「ロング・グレイン（long grain）」であり、日本の米は「ミディアム・グレイン（medium grain）」と表現されるに過ぎないのであって、味の違いや「米粒が立つ」といった炊きあがりの様子を描写する言葉は存在しないのである。これはアメリカ人にとって米は日常生活でそれほど重要ではないため、語彙が発達しなかったからだと考えられる。

もうひとつ例を挙げよう。日本人は外国人から見ると「ものをはっきり言わない」、「間接的で遠回しな言い方をする」といった印象があるようだ。これも日本語の文章構造を英語と比較してみれば、なるほどと思えるところもある。簡単にいえば、まず日本語の否定・肯定は文章の最後までわからないのに対して、英語では否定文の場合、主語の直後に"not"を置かなければならない、つまり話し手は即座に自分の立場をはっきりさせる必要がある。日本人の場合は、最後まで決めなくてもよいという甘えがある。時間が稼げるという点ではメリットがあるが、それが優柔不断な姿勢につながっているとも言える。日本

コラム

同時通訳の難しさ

↓日本語の場合、最後にならないと話し手が肯定的なのか否定的なのかがわからないのは日英の同時通訳者にとってはとてもつらいことである。同時通訳は頭からどんどん訳さなければならないから、後でつじつまを合わせるのが大変なのだ。

人の思考プロセスに影響を与えている日本語の第二の特徴は、**一番大事なポイントがやはり最後にくるということだ**。手紙などを書くときも、まず時節の挨拶から始め、背景を説明してから、最後の方でようやく「つきましては・・・」という導入で用件を切り出すというパターンである。これが日本語で書かれたビジネス・レターを英語に翻訳する場合に大きな問題となるのである。まず「貴殿におかれましてはますますご清祥のこととお喜び申し上げます」といった儀礼上の表現は英語にはないし、直訳しても意味をなさない。英語の場合は、まず用件、つまりこの手紙の目的をまず言ってから、その他の説明に入るわけだから、構成そのものも大きく変える必要がある。加えて、文章で詳しく説明しようとすればするほど、日本語の場合は頭でっかちになるということがある。次の例を見てみよう。

例

「私はデパートへ行った」
「きのう、私はデパートへ行った」

一番大事なポイントがやはり最後にくるということだ。
↓大事なポイントを最後に持ってくる日本語の文章構造はピラミッド型、要件を最初に書き、さらに最後にもう一度念を押す英語の文章構造は鼓を立てたような形に例えられる。

「友達と、きのう、私はデパートへ行った」
「新しい洋服を買いに、友達と、きのう、私はデパートに行った」
「夏に旅行に行くので、新しい洋服を買いに、友達と、きのう、私はデパートに行った」

といった具合に、追加情報はどんどん前にくっつくのである。結果として、頭でっかちとなり、同時に核となる部分（「私がしたこと」）が後ろ後ろへとずれていくわけである。同じことを英語で書いてみれば、全く逆である（つまり追加情報は文章の後に付加される）ことがわかる。

英語訳

"I went to the department store yesterday with a friend to buy some new clothes because I am going to take a trip this summer."

これが、結論を先延ばしにする傾向のある日本人と、要点をずばずば言う欧米人のコミュニケーションの特徴と見事に一致するのである。この意味で私たちの言葉は私たちの思考のプロセスを左右していると言えるのである。これを「**言語決定主義**」と呼ぶ。

言葉の七変化

私たちの使う言葉は様々な形で変化する。まず、時代とともに私たちが使う言葉は変わってくる。「万葉集」や「源氏物語」の言葉と、現代人が使う日本語を比較してみればそのことは一目瞭然である。昔、高校の古文の試験で、現代語そのままの解釈で言葉の意味を考えてしまうという、単純なミスを犯して悔しい思いをしたこともあるだろう。今ではすっかり廃れてしまった言葉がある反面、「ありがたし(めったにない／難しい)」、「おくゆかし(奥に何があるか知りたい／心憎い)」といった具合に、現代語と形は似ていてもかなり違った意味で当時は使われていた言葉があるからやっかいである。

言葉が時代とともに変化する事例は他にもある。「流行語」といわれるものも、時代に敏感な言葉の特徴をよく表している。毎年、年末に発表される「**日本新語・流行語大賞**」等を見てみるとそれがよくわか

言語決定主義
→言葉が我々の思考や外界認知を決定づけるとする考え方。

日本新語・流行語大賞
→一年の間に生まれたさまざまな「ことば」の中で、軽妙に世相を衝いた表現とニュアンスをもって、広く大衆の目、口、耳をにぎわせた新語・流行語を選ぶとともに、その新語・流行語の発生により深くかかわった人物・団体を毎年顕彰するもの。「現代用語の基礎知識」の自由国民社が主催する。

る。一昔前には「今風の」という意味を「ナウい」などと言っていたが、今では「トレンディー」ですら色あせてしまった感がある。そんな言葉を若い学生やOLとの会話で使えば、「ダサイーッ（これも流行語か）」の一言であっさり片づけられてしまうだろう。そして、あの一世を風靡した「**太陽族**」や「**クリスタル族**」はいったいどこへ行ってしまったのか。今、流行っている言葉も、すぐに皆廃れていってしまうのだろう。まさに「いとあはれ」と形容すべきかもしれない。現代の若者に蔓延している「寝れる」、「食べれる」、「着れる」などの「ら抜き言葉」や「**超**—」という表現も、言語は変化するものなのだと割り切って考えれば目くじらを立てるほどのこともないのだろうし、数年後には、どうなっているかもわからないのだから。

前に、異なった言語コミュニティーには独自の言葉が発達するという話をした。その「言語相対主義」の視点から、言語の変化を見ることもできる。言語の地域差については、方言の他にもおもしろい観察ができる。同じものが別の土地へ行くと全く違ったものになり、混乱を生じることがある。わかりやすい食べ物の例で説明してみよう。東

太陽族
↓石原慎太郎の一九五六年のベストセラー小説、「太陽の季節」の主人公のように、既存のモラルにとらわれず自由奔放に生きる若者の総称。

クリスタル族
↓きらめく商品・ブランド文化を描いた田中康夫の一九八一年のベストセラー、「なんとなく、クリスタル」を地で行く現代女子学生のこと。

超—
↓「とても」、「非常に」という意味で若者が頻繁に使うことば。殆ど全ての形容詞と共に使われる。

コラム
ら抜き言葉は正しい!?
↓文部省国語審議会でも取り上げられるほどの日本語の大きな

京のビジネスマンの山崎君が大阪に出張に行き、彼が東京でよくやるように駅の立ち食いそば屋に入って「たぬきうどん」を注文した。数分後、目の前のドンブリを見た彼と、そば屋のおじさんの間にちょっとおもしろいやりとりがあった。


「ちょっとおじさん。これ、違うよ」

「違うことあらへん。あんた、それ注文したやないか」

「僕、たぬき注文したんだけれど」

「ほな、まちごてないがな」

「これ、きつねでしょう。だって、油揚げ乗ってるじゃない」

「それが大阪でたぬき言うんや」

「・・・・」


山崎君はここでは引き下がったものの、納得がいかず、大阪の知り合いに話して、やっと東京と大阪では「たぬき」と「きつね（けつね）」の具が逆になることを知ったのである。なんと関東と関西でつゆの色が変わるだけではなかったのである。このような地域差による言

変化である。正しい日本語を教えるという視点からは好ましくないが、ら抜き言葉は決して際物的、流行語的なものではなく、この現象は新しい「可能動詞」の形成と見るべきだという意見もある。

葉の変化の例は探せばいくらでもあるのである。

もうひとつおもしろい例を挙げてみよう。学生の使うスラングである。「一般教養科目」を「パンキョー」と呼んだりするのは、全国共通のようだが、それぞれのキャンパスで独特の言語が生まれるのも事実である。東京近郊の大学生が使う次の言葉のうち、いくつ正しく答えられるだろうか？

1　「百万人のA」

2　「ちょんぼ」

3　「クリスチャン・ディオール」

4　「ローテ」

5　「変ジャパ／キコッキー」

さすがに授業、試験や成績関係のものが多いが、簡単に解説を加えると「百万人のA」とは「努力しないでも簡単にAが取れる授業」で「楽勝」とも言う。語源はただの語呂合わせで、かつて人気のあったラジオの英会話講座のタイトル（「百万人の英語」）をもじったものだ。

「ちょんぼ」も似ているが、語源は不明である。ただし、「ちょんぼ」とは「試験さえ受ければパスできる授業」という意味らしい。おもしろいことにアメリカへ行くと、この種の授業は"Mickey Mouse courses"と呼ばれる。日本で「ドラえもん授業」となぜ呼ばないのか、文化や国民性の違いがおもしろい。また、アメリカの大学では、さすがにこのような授業は少ない。「クリスチャン・ディオール」はフランスの有名ブランドだが、ロゴを思い浮かべて欲しい。「CD」である。つまり、「がんばってもCとDしかくれない厳しい先生」のことである。「ローテ」とは「ローテーション」、つまり、数人の友達とチームを組み、中3週とか4週とかの間隔で授業にでて、友達の分まで出席票を書き、ノートを取り、後でコピーをしあうという極めて効率的なシステムで、誰もが活用した経験があるだろう。一方、教師もこの「ローテ」をいかに崩すかに日夜知恵を絞るのである。最後の「変ジャパ／キコッキー」は、いわゆる帰国子女の学生のことである。日本人の顔をしているくせに英語が抜群に上手で、ジェスチャーがオーバー、だから「変なジャパニーズ」、略して「変ジャパ」である。大学や会社のある場所が変われば、そこで使われる独特なスラングが生まれるものだ。**あなたの通う学校や職場にはどんなキャンパス・スラングやオフィス・スラングがあるだろうか？**

言葉の魔力

言葉は便利なものである。しかし、大きな欠陥もあり、それに気づかないまま不注意に言葉を使うと様々な問題がでてくると警告したのは、ポーランド生まれの言語哲学者**アルフレッド・コージブスキー**である。彼は「一般意味論」という理論体系の中で、私たちが言葉の世界と現実の世界を混同してしまう傾向があることをわかりやすく説明している。「一般意味論」の三原則と言われるものを簡単に紹介しよう。

> **原則1**　非同一性の原則（「地図はそれが表す領地そのものではない」）
> **原則2**　非全体性の原則（「地図はそれが表す領地にある全てのものを表示していない」）
> **原則3**　自己再帰性の原則（「我々は他人の言ったことにさらにコメントを加えることができる」）

あなたの通う学校や職場にはどんな・・・あるだろうか？
→スラングに限らず、独自の言葉遣いや語彙が発達するのはその組織に特有の文化(organizational culture)があるという証拠でもある。

アルフレッド・コージブスキー
→Korzybski, Alfred (1933). *Science and sanity: An introduction to non-Aristotelian system and general semantics.* Lakeville, IL.: Institute of General Semantics

ここでもちろん「地図」は「言葉」、「領地」は「現実の世界」のことである。私たちはどこかに旅行をするときに、ガイドブック等で下調べをし、そこに書かれている言葉による説明に基づいて、その場所について様々にイメージする。ところが実際にその場所を訪れたときに自分が心に描いていたものとのギャップにがっかりしてしまうことがよくあるものだ。また不動産の広告で「駅から徒歩10分」を額面通りに受け取ってしまい、そんなに近いのならと期待して実際に歩いてみると2倍近くかかったりするのも、私たちが「非同一性の原則」を忘れがちであることを示すものである。

「非全体性の原則」は「私たちがどんなに詳しく言葉で説明したところで、現実にあるものの全ての特徴を言い尽くすことはできない」ということを示している。鉛筆でもチョコの空き箱でもなんでもいい。ちょっと手にとってそれを言葉で描写してみよう。紙に思いつくまま書き留めてみるといい。「この鉛筆は黒のHBで、三菱製で、新品で、軸の色は緑で、芯は直径2㎜くらいで、・・・」といった具合に延々と続いていくような気がするだろう。しかし、我々は人でも物でも出来事でも普通こんな風に詳しく説明することはない。「営業の新人の山田さん？　あの人はカラオケが上手だよ」という具合に一言で言い切ってしまうことが殆どではないか。これは忙しい現代人にとっては歓迎すべきことだが、くだんの山田さんにとってみれば、迷惑な話かもしれない。「自分はただ歌がうまいだけではない、もっと別のところもきちんと見て評価して欲しい」という不満が聞こえて来そうである。

また、「非全体性の原則」を無視すると、ステレオタイプの問題の原因ともなる。ステレオタイプとは「固定観念」ともいい、「あるグループに属するものや人が、全てある同じ特徴を共有している」と考えてしまうことである。「医者は金持ちである」、「日本人は自己主張をしない」、「アメリカの都市は治安が悪い」など、そのグループの一部についてしか言えない事実であるかもしれないのにもかかわらず、言葉はそれがあたかも全てにあてはまるかのような印象をあたえてしまう。「非全体性の原則」は現実の世界を全て言葉で言い尽くすことはできないし、また個人差や個体差もあることを無視してはいけないということだ。「全ての黒人がスポーツ選手ではないし、黒人の持つ特徴は運動

コラム

ステレオタイプも悪くない？

→ステレオタイプにはプラスの価値を持つもの（positive stereotype）とマイナスの価値を持つもの（negative stereotype）があり、全てのステレオタイプが人間関係に悪影響を与えるとは限らない。たとえば、「アメリカ人は陽気で、フレンドリーである。」というプラスのステレオタイプを持っている人は、そうでない人に比べて、見ず知らずのアメリカ人に対しても気軽にアプローチが出来るだろう。また、マイナスのステレオタイプもトラブルを未然に防ぐという点では役に立つかもしれない。但し、事実とかけ離れていないことが条件である。

神経が良いことだけではない」このようなことはわかっていても、言葉でコミュニケーションを行うときについ私たちは短絡的に考えてしまう。それは私たちが言葉の不完全さを十分に認識していないことが原因である。

最後に「**自己再帰性**の原則」について考えてみよう。日常生活において私たちは、自分の目で直接事実を確かめることなく、自ら判断をしたり、それについて無責任なコメントをしてしまうことがあまりにも多いのではないだろうか。人から聞いたことやTVや新聞のニュースで知ったことを、まるで見てきたことのようにまわりの人に話す。自分の実体験に基づく事実と間接的に知ったこと（事実とは限らない）をきちんと区別しないで、普通に会話をしてしまう。これも言葉には「自己再帰性」という便利な機能があるからである。

「真紀に聞いたんだけど、土曜日に理恵と企画部の木村さんを銀座で見かけたんだって」

「ほんと？　あのふたりやっぱりつき合ってたんだ。なんかあやしいと思ってたけど」

自己再帰性

→現実の世界（reality）の事実をチェックすることを怠り、言葉の世界の中だけで思考や状況認識のループを形成してしまうこと。

「うちの課じゃ、みんなもう大騒ぎ」

「でもさ、抜け駆けはよくないよね。陰でこそこそしないで、堂々とつき合えばいいのよ」

「でも木村さんって、出世頭だし、ルックスも良いし、理恵のことちょっと許せないな」

「で、どうするつもり？」

「わからないけど。好恵はどう思う？」


このふたりは共通の友人の理恵と同じ会社の男性とのデート現場を直接目撃してもいないのに、その出来事を話題にしてスムーズに会話を運んでいる。彼女たちは自分が事実について話しているという錯覚に陥っているが、実際は相手の話している言葉にだけ反応していることに全く気づいていないようだ。この例が示すように、私たちが注意していないと、言葉は事実とは無関係にひとり歩きしてしまう特性を持っている。地震などの災害時によく見られる「流言飛語」の類や「××銀行が危ないらしい」といったデマによって銀行の取り付け騒ぎが起きたりするのも、言葉の自己再帰性が引き金になっているのである。かつてアメリカでH・Gウェルズの「宇宙戦争」というSF小説を、ラジオドラマ仕立てにして放送したところ、その内容があまりにもリアルであったため「本当に火星人がやってきた」と全米がパニックに陥ったという話もあるくらいだ。

このように言葉はとてもパワフルで、かつ私たちがコミュニケーションするためになくてはならない道具であり、便利なものである。しかし、コージブスキーの言う「三原則」を守らないで言葉を使うことが、いかに危険であるかわかってもらえたであろうか。

言語コミュニケーションの落とし穴

ウィリアム・ヘイニイは私たちが言葉の「三原則」を守らないことから生じる問題を次の7つのパターンに分けて説明している。

1 「意味のバイパス」現象

これは単純な意味の取り違えで、話し手の意図した意味と、聞き手の解釈した意味が食い違うことである。これが起きるケースは2つあ

コラム

「宇宙戦争」事件の顛末
→一九三八年十月三十日、CBSラジオがイギリスの作家、H・Gウェルズの「宇宙戦争」を基に、ハワード・コッチが脚本を、俳優のオーソン・ウェルズが演出及びナレーションを担当したラジオドラマ「火星人の襲来」を放送した。しかし冒頭で音楽放送を突然中断し、火星軍のアメリカ本土襲来の模様を伝える臨時ニュースを挟むという斬新な演出のため、これを真に受ける人が続出し、アメリカの各地でパニックが起こった。

ウィリアム・ヘイニイ
→Haney, William V. (1986). *Communication and interpersonal relations: Text and cases*. Homewood, IL.: Urwin.

り、ひとつは、「同じ言葉をお互いが違う意味で使って（解釈して）いる場合」これは前にでてきた大阪出張での山崎君のケースがそうであるし、「じゃあ、いつものところで10時に」と電話で約束して待ち合わせたものの、一向に相手が現れる気配がないような場合も、この「言葉のバイパス」現象が起きている可能性が高い。

そしてもうひとつは、「違う言葉で表現しているが、実は同じことを言おうとしている場合」である。この例としては、「女でも半ズボンをはくのか」と聞かれて、「お父さん、これはキュロットって言うのよ」と答える娘や、イタ飯屋で食後にコーヒーを頼んでウエイターに「エスプレッソでよろしいですね」と聞き返される場合である。

「意味のバイパス」現象は言葉の意味における実際の一致・不一致が隠されてしまい、表面上の一致・不一致のレベルでコミュニケーションが行われていることに私たちが気がついていないケースが多いことを示している。相手が誤解する事を予期した上で、巧みに言葉を操り、故意に「意味のバイパス」現象を引き起こせば立派な「詐欺行為」にもなる可能性があるわけだ。

2 「断言することの過ち」

これは「非全体性の原則」を無視した場合に起きる問題である。言葉で何かを説明する場合に、その全てを言い尽くすことができないにもかかわらず、自分のコメントが、あるいは自分が「知っていること」が完全で、確かで、絶対に正しいと言い切ってしまうことがいかに多いか考えてみて欲しい。これは私たちの使う言葉の中に「断定的」な表現を助長するものが数あることが原因である。「この株を買えば必ず儲かります」、「私は決してうそは申しません」、「お前は絶対に間違っている」といったふうに、つい自分の見解やコメントが全てであるかのように断言してしまうのである。これは別の考え方や可能性を最初から排除してしまうという態度でもあり「大いに問題あり」であるが、私たちの使っている言葉は、それをいとも簡単に許してしまうのである。

3 「個人差の無視」

私たちの使う言葉はどちらかというと物事の類似点に注目するように仕向け、同時に相違点を無視させるように私たちの思考のプロセスをコントロールする。その方が効率が良く、単純であるからである。しかし過度の単純化によって、前にも述べたようにステレオタイプ（固定観念）の問題が引き起こされる。最近、大手企業の中にも履歴書に出身大学名を書かせないところが増えてきているという。これは「この学生は○○大学の学生だから優秀だ」とか「彼は無名大学出身だからダメ」という判断を極力避け、先入観を持たずに本人の資質やる気を評価したいということであろう。言葉は、有名無名を問わず、大学にはさまざまな学生がいるという事実を隠してしまうのである。

4 「極端な表現」

私たちは言葉を使って評価や判断する場合、「AかBか」という究極の選択を強いられる。これは私たちの言葉には、中間を表すうまい表現がないためである。「良い／悪い」、「暑い／寒い」、「黒／白」などはある。**この全てのケースは現実には連続的に変化する程度として考えるべきものである。**しかし、良くも悪くもない、暑くもなければ、寒くもないような状況を的確に示す言葉がないため、つい極端な表現をしてしまうのである。一方、現実にも「AかBか」のふたつの場合し

この全てのケース・・・程度として考えるべきものである
↓ヘイニイはこのような連続的な概念をcontraries（反対概念）と呼んでいる。単に反対の意味を持つ概念である。

かなく、**しかもその両方の状況が同時に存在することはないというものもあるのも事実である。**例えば、「生／死」、「開／閉」、「内／外」等があり、家にいながら学校へ行くことはできないし、体重が50キロ以上であれば、それ以下であることはない。

問題は、前者に分類されるような状況について、後者の場合と同じに「AかB」で表現してしまうことである。私たちの使う言葉ではこのふたつのケースの区別が容易にはできないのである。

5　「凍結した評価」

現実の世界は時間の経過とともに常に移り変わっている。しかし、いったんそれを言葉で表そうとすると、その瞬間に時間が止まってしまう。現実を被写体にしたスチール写真が、言葉による描写であるといっても良いだろう。このことにどんな問題があるのだろうか。ヘイニイはこの「凍結した評価」の問題点を取り上げて具体的に説明している。言葉によって、ある観察がなされた時間を適切に記録しないでいる。コメントをする。例えば、「部下の鈴木はあてにならない」という上司のコメントも、もしかしたら、鈴木さんが上司から先週用事を頼まれ

しかもその両方の状況が同時に・・・事実である。

→ヘイニイはこちらをcontradictories（相反概念）と呼んでいるが、数は少ない。contraries であるべきものをcontradictories であるかのごとく扱ってしまうことが問題である。

たときに、たまたま彼が忙しかっただけかもしれないのに、そのことがきちんと上司のコメントの上で表示されないために、あたかも「鈴木さんが過去も、現在も、また将来もあてにならない」かのような印象を与えてしまうのである。また、プロ野球などで実績のある選手をトレードで獲得したものの、移籍先のチームでは活躍できずに、ファンやマスコミから「あの20勝投手が」と非難されたりするのも言葉による「凍結した評価」が原因である。**言葉は構造上の柔軟性に欠け、時間の経過に伴う現実世界の変化にはついていけないのである。**

6　「指示的意味と暗示的意味の混同」

言葉には「指示的意味」と「暗示的意味」の2つの意味があることも忘れてはならない。「指示的意味」とは言葉の辞書的な定義で、これを共有することで、同じ言葉を話す人とのコミュニケーションが可能になる。しかしやっかいなのは言葉にはもうひとつ「暗示的意味」、あるいは「感情的意味」というものがあるのである。例えば「赤」という言葉はある波長を持った光で、科学的に定義できる色の一種であるほかに、「情熱」とか「共産主義」といった意味も内包している。また、

言葉は構造上の柔軟性に欠け、・・・ついていけないのである。

→現実の世界は動的(dynamic)、一方、言葉の世界は静的(static)であると言われる。

言葉の意味が個人の過去の体験に左右されることも事実である。犬をペットとして子どものころからかわいがってきた人は「犬」という言葉には「犬＝かわいい動物」という感情的意味を付与するだろう。一方、幼い頃、犬に咬まれてけがをした体験を持つ人は「犬＝こわい、どう猛な動物」という意味に解釈してしまう。このような「感情的意味」の部分での違いに気づかずに不用意に言葉を使うと、コミュニケーションがうまく行かなくなってしまうこともある。「おいしい松坂牛のステーキをごちそうしてあげるよ」とベジタリアンの人に言っても、ちっとも喜ばれないのはこのような理由からである。たとえ「指示的意味」を共有していても、「暗示的・感情的」意味が違えばコミュニケーションはうまく行かないのだ。

ただし、この「指示的意味」と「暗示的・感情的」意味をうまく操作して、そのふたつの間の混同を逆に利用することもできる。簡単な例では、忌み言葉を別の言葉で言い換えたり、実体は変わらないが、呼称を変えることによりイメージアップを図るという試みがなされる。「賄賂→献金」、「定職がない→フリーター」、「トイレ→化粧室」、

「職業安定所↓ハローワーク」、「会社員↓ビジネスマン」など探せばいくらでもある。また最近、企業戦略の一環として、**コーポレート・アイデンティティー**の中核をなしている社名を変える企業が相次いでいる。これも「指示的意味」と「暗示的意味」の観点から分析することができる。かつて日本企業の多くは東京通信工業（現ＳＯＮＹ）、早川電機工業（現シャープ）、福武書店（現ベネッセ・コーポレーション）、日本国有鉄道（現ＪＲ）、日本電信電話公社（現ＮＴＴ）のように会社の所在地や業種など、指示的意味を前面に出した名称のものが多かったが、「暗示的意味」を強調した社名に変え、イメージアップを図っている。この場合、特にカタカナやアルファベット表記に人気がある。大学でも「国際」といった言葉を名前の一部に取り込んで受験生へのイメージアップを図ったり、「湘南ブランド」が車のナンバープレートにまで波及するいった騒ぎも記憶に新しいところである。いずれにせよ、指示的意味と暗示的意味を混同しない限り、「あいつのやったことは許せない。今度会ったら半殺しだ」と言ったところで警察に逮捕されることはないのだ。

コーポレート・アイデンティティー
↓英語ではcorporate identityとなり、CIと略される。最近、大学もイメージアップのために大学名を変えるところが相次いだ。この場合、はUI(university identity)と言うが、和製英語である。

7 「事実と推論の混同」

言葉の世界と現実の世界が別々に存在しうることを忘れると、事実と推論の混同が起きる。次の話をまず読んで欲しい。

「私が朝起きて新聞を取りに外へ出たら向かいの木村と書かれた表札がかかっている家の前に車が止まっていた。その車のドアのところには田中小児科医院と書いてあった」

次に左の文の中で本当だと思うことに○をつけてみよう。

1 私の家の向かいには木村さんという人が住んでいる。
2 私は朝刊を取りに外へ出た。
3 向かいの家の前には車が止まっていた。
4 その車は田中さんというお医者さんのものだ。
5 木村さんの子どもがだれか病気だ。
6 車のドアには「田中小児科医院」と書いてあった。

この場合、本当のことは、話の中にはっきりとそう書いてあることだけである。したがって、3と6だけである。あとは皆本当かもしれないし、そうでないかもしれないのだ。ちょっと説明してみよう。「私の家の向かいには木村さんが住んでいる。（確かに表札には木村さんと書いてあるが、海外赴任中で留守番の人が住んでいるかもしれない）」、「私は朝刊を取りに外へ出た。（朝取りにいく新聞が朝刊とは限らない。昨日の夕刊を取り忘れていたかもしれない）」、「その車は田中さんというお医者さんのものだ。（田中さんが車を友達に貸したのかもしれない）」、「木村さんの子どもがだれか病気だ。（田中さんは往診に来たのではなく単に遊びにきていたのかもしれない）」。このように、そういう曖昧なものにもつい○をつけてしまうのは、私たちが事実と推論を混同してしまうからである。言葉や文章には事実と推論を区別するための印はついていない。事実は数に限りがあるし、自分が直接その真偽を確かめられることだけが事実なのだ。一方、推論は一つの事実について数限りなく存在しうるし、自分が直接観察や確認した事実でなくても何かで読んだり、人から聞いたりした事柄に推論を加えることは可能である。言葉の「自己再帰性」について、もう一度ここで思い出して欲しい。日常会話の中で私たちが話している話題の多くは、自分で直に体験したことではない。したがって、私たちが話している内容は推論が殆どである。またマスコミの報道も、実は推論が予想外に多いのである。問題は推論をあたかも事実のように伝えることであり、言葉にはそのような人間の自分勝手な行動を防ぐ手だてはないのである。結局、言葉を使う私たちが注意するしかないのだ。

PC言葉の使い方

自由と平等を理想に掲げるアメリカでは、人種、民族、性別、年齢その他生得的な要素によって人間を差別することはいけないこととされてきた。その中で、言葉がそうした差別を助長しているのではないかとの反省から、マスコミ関係などで「政治的に正しい(politically correct)」言葉(PC言葉)を使用するようになった。例えば、「白人(white)」と「黒人(black)」という呼称は肌の色を基準としたものだから不適切であり、それぞれ「ヨーロッパ系アメリカ人(European-American)」、「アフリカ系アメリカ人(African-American)」というように呼ぶのが政治的に正しいとされる。つまり、皆同じアメリカ人で、ただ出身地域が異なるだけだ、という考え方である。アメリカで生活する多様な民族・人種は皆「―系アメリカ人」と呼ばれるのである。人種差別撤廃の努力から始まったこの改善運動は、その他の領域での差別の問題に波及していった。男女差別でいえば、businessman, chairman, policeman などは言葉の一部に“man”が含まれており、そうした職業やポストに女性はつけないような印象を与えるから、それぞれ、businessperson, chairperson, police officer と呼ぶのが正しく、stewardess/steward, housewife なども、男女の役割の違いをことさら強調するから、flight attendant, homemaker と呼ぶことが普通になった。ただし、このPC言葉も、最近では行き過ぎの傾向があるとの批判や、言葉だけを変えても実質的に変化はないとの指摘もある。実際、お年寄りを old people といわずに senior citizens（先輩の市民とでも訳すのか）というのはまだ良いとしても、「貧しい」ことを単に poor ではなく economically exploited/disadvantaged（経済的に搾取された／不利益を被っている）とか「体の不自由な人」を handicapped

ではなく、a person with a handicapping condition（障害がその人の人間性とは別に存在するという含みで、ハンデとなるような条件を有する人）、また逆に健常者をtemporarily ablebodied persons（一時的に健康な人、つまり健常者でもいつ何時障害を持つようになるかもしれない）というところまでいくと、いささか神経質になりすぎという感じもしなくはない。

人種や民族の違いがほとんど問題にならない日本語においても「看護婦」に対して「看護士」、「主婦」に対して「主夫」、「スチュワーデス」に対して「客室乗務員」といった言葉を作り、男女平等主義を広めていこうという動きが一部にはみられるが、まだまだ定着するには時間がかかりそうである。医者や作家、弁護士になるのは普通男性だからというわけではないだろうが、女性の場合はあえて「女医」、「女流作家」そして「女弁護士」と言ったりするところなど、日本はＰＣ言葉についてはまだまだ「後進国」いや「発展途上国」なのかもしれない。

言葉の意味はどこに？

以上見てきたように、私たちの使う言葉は現実の世界を十分に反映していないし、私たちは常に現実の世界との対応に注意しながら言葉を使っていない。言葉はそのものには意味は含まれていない。言葉の意味はそれを使ってコミュニケーションをする**私たちひとりひとりの頭の中にある。**言葉のやりとりをすることだけで、意味まで共有できるという保証はないのだ。それだけに、言葉を使う私たちがコミュニケーションのなかで果たすべき責任は、メッセージの送り手としてもまた受け手としても大きいのだ。ルイス・キャロル原作「鏡の国のアリス」の中で、ハンプティー・ダンプティーはアリスに向かって、次のように言う。「僕が言ったと思うことを、君がきちんと理解したと確信しているのは僕にもわかるよ。でも、君が聞いたことが僕が伝えたいと思ったことと同じではないことに、君は気がついてない。」なんと含蓄のある言葉ではないか？

私たちひとりひとりの頭の中にある。
→"Meanings are in people's heads."言葉の意味を考える時に決して忘れてはならないこと。

第3章
黙っちゃいないノンバーバル

ある日の晩、知子が自宅のソファーでくつろいでいる時、不意に電話が鳴った。


「もしもし、木村ですが」

「あ、知子？　私だけど。いまいい？」

「里佳？　どうしたのこんな時間に」

「ううん。何でもないんだけど、ちょっと話がしたくて」

「何かあったの？」

「別になんでもないんだけど」

「なんか変だなー。いいから、話してみたら？」


この短いやりとりの中で、知子は里佳に何か異変が起きたことをすばやく察知し、話を聞く体勢で会話を運んでいる。つまり里佳の話の内容、つまり言葉には直接反応していない。もし、言葉のみに反応していたら、最後の部分は例えば「何でもないんだったら、こんな時間に電話してこないでよ」というふうになっていただろう。里佳は「別になんで

もない」と言っているし、電話での会話では相手の顔も見られない。なぜ知子は里佳の様子が「おかしい」とわかったのであろうか？　この場合のコミュニケーションの手がかりは、もちろん声である。

言葉によらないコミュニケーション、つまり「ノンバーバル・コミュニケーション（非言語コミュニケーション）」というと、身振り、手振りといったジェスチャーを、まず思い浮かべるであろう。ところが、それぱかりではない。ここで挙げた「声」の他にも様々なものがある。ノンバーバル・コミュニケーションは私たちが考えるよりずっと奥が深いのだ。

9割以上がノンバーバル!?

アメリカで行われた研究で驚くべき数字が出されている。私たちが人と面と向かって（face-to-face）コミュニケーションをする時、なんと意味の90％以上が言葉そのものではなく、**言葉以外の部分で交わされているという**。このデータそのものに、どれほど信憑性があるかどうかは別として、非言語コミュニケーションが重要であることには疑

言葉以外の部分で交わされているという。
→Mehrabian, A. (1968). Communication without words. *Psychology Today*, 2, 51-52.

いの余地がない。ここで、言葉によるコミュニケーション、つまりバーバル・コミュニケーション（verbal communication）と言葉によらないノンバーバル・コミュニケーション（nonverbal communication）の基本的な違いをおさらいしてみよう。

まず、バーバル・コミュニケーションは、ひとつひとつの言葉が基本単位であり、それを一定の文法的規則に従って組み立てていくことにより、文が、段落が、そして文章ができるのである。これはレンガやブロックで建物を作っていくのに似ている。また英語であれば大文字で始めるし、終わりには「。」やピリオドを打つことなど、文の始めと終わりがはっきりと示されるのである。バーバルコミュニケーションにはメリハリがあり、区切りがはっきりとわかるのが特徴だといえよう。一方、ノンバーバル・コミュニケーションは、枯れることなく流れる川のようなものだ。私たちは24時間、つねにノンバーバル・コミュニケーションを行っている。口を閉ざせば話をやめることは物理的に可能であるが、私たちがこの世からいなくならないかぎり、ノンバーバル・コミュニケーションをやめることも、止めることも不可能なのだ。

また、バーバル・コミュニケーションの道具は「言葉」のみである。しかし、ノンバーバル・コミュニケーションでは私たちの体全体が情報の発信源となりうるのである。身振り手振りはもとより、姿勢、顔の表情、視線、服装、持ち物その他全てが何らかのメッセージを、常に相手に送り続けているのだ。体全体を使い、複数の発信源から出てくる情報を私たちの5つの感覚器官をフルに使って受信するのがノンバーバル・コミュニケーションであり、それは、交換される意味の90%以上がノンバーバルといわれても納得してしまいそうな、圧倒的な情報量なのだ。

もうひとつのポイントは、バーバル・コミュニケーションは私たちが意識的にコントロールできるが、ノンバーバル・コミュニケーションでは、必ずしもそううまくはいかないということである。「私は悪いことは何もしていない」と言っている人の体が小刻みに震えていたり、目を伏せていたりしたら、私たちはどう思うであろうか? 言葉でうそは言えても、ノンバーバル・コミュニケーションでうそをつきとおすことがどれだけ難しいかは、自分の胸に手を当ててみればわかることだろう。

言葉とパラランゲージ

最初の電話の例でもわかるように、ノンバーバル・コミュニケーションは、言葉で表現されている内容をどう解釈すべきかを判断する決め手になるのである。声の調子、声量、声の高低、アクセント（訛り）、声の質全てが、その人の話の内容をどう解釈するかに影響を及ぼすのである。これらは「パラランゲージ（paralanguage）」と呼ばれ、話し言葉に付随して特定の意味を付加したり、また言葉で表されている意味を全く無効にしてしまう働きをするものなのだ。大声で怒鳴りながら「全然腹を立てていない」と言っても誰も信じないだろうし、ドスのきいた声で「お嬢ちゃん、その帽子かわいいね」と言われたら子どもは喜ぶどころか、怯えてしまうだろう。有能な経営コンサルタントとして働いているあるアメリカ人の女性は、生まれつき声のピッチが高く、そのために実際の年齢よりもずっと若いと思われてしまい、苦労が絶えないという。電話でクライアントとコンタクトを取るときに、いつも「君ではなく、責任者と話をしたい」と言われるのがとてもつらいそうだ。つまり、言葉の訛り、声の高低や大小、質などでその人に対する評価やその人の言っていることの信憑性が左右されてしまうのである。説得力があるかないかもやはり言葉そのものでなく、言葉に付随するパラランゲージ的要素によって決まってくるわけだ。つまり何を話すかでなく、同じことをどう話すかの方がずっと重要なのである。くれぐれも言葉、いや、ものの言い方には気をつけた方がよいようだ。

パラランゲージは、なにも話し言葉に限ったことではなく、書き言葉でもまた別の種類のパラランゲージが影響する。文字、つまり筆跡は重要なパラランゲージ的要素である。ワープロで打った手紙は、どこか味気ない。手書きの方が、ずっと相手の心に訴える力があるのはなぜだろうか？　感情の起伏は私たちの書く文字に現れてしまうこともあるし、文字を見ただけで相手の人柄や様子を窺い知ることができる場合もある。同様に試験の答案や報告書を、赤いボールペンで書いたらどう評価されるだろうか。結果は明らかである。結婚式の招待状などは毛筆で書くのがよいということで、筆耕の専門家が必要になってくるわけだ。就職のための履歴書というものは、手書きで書くのが常識である。

数ある通信教育のなかでも、ペン習字は今も昔も人気があるし、また、上手な字を書くための器具まで売っているという。雇う側は提出された履歴書に書かれている内容も評価するが、意識的・無意識的に文字・筆跡や誤字・脱字（これもパラランゲージと言えなくもない）にも注目しているわけである。日本では血液型や生まれ月による性格診断や相性占いに人気があり、職場などでもチームを組むときに活用されている例もある。ところが、アメリカでは、まず一般の人は自分の血液型は知らないし、日本人が血液型になぜそんなにこだわるか理解できないらしい。**かわりに企業の一部では専門家による筆跡鑑定を就職試験の中に取り入れているところがあるという**。性格はもちろん、仕事への取り組み方や協調性、ひいては将来性までわかってしまうというのだから驚きである。志望動機なども、文章ではどうとでも書けるが筆跡によるノンバーバル・コミュニケーションはうそをつかないということなのであろう。

　若い女性の中にはお揃いの封筒と便箋、つまり「レターセット」のストックを自分の机の中にかなり持っている人もいることだろう。か

かわりに企業の一部では専門家による筆跡鑑定を・・・ところがあるという。

↓アメリカには筆跡から性格分析などを行うhandwriting analystという職業が存在する。

わいらしいキャラクターものであったり、きれいな色や模様の入ったもの、中には香りのついたものもある。それを相手や目的、あるいはその時の気分で使い分けるのだ。言葉では表しきれない感情や気持ちをレターセットに託すわけだ。これもれっきとしたパラランゲージとしてのノンバーバル・コミュニケーションである。女子学生からきれいな封筒や便箋で手紙をもらうと何か心がうきうきしてしまうが、内容が推薦状の依頼等であった場合には、ちょっとがっかりというところである。

リクルート・スーツの不思議

大学4年目の春は、学生にとってある意味で正念場である。ついこの間まで、それぞれ個性的ファッションでキャンパスを闊歩していた連中が、皆紺やグレーのいわゆるリクルート・スーツで説明会だ、面接だと大忙しになる。教師としては、授業にも同じくらいの熱意を見せてくれれば、と思ったりする。就職面接は学生と面接する企業の人事担当者とのインターパーソナル・コミュニケーションの場であり、そこでさまざまなやりとりが行われる。バーバル・コミュニケーションとしては面接者との質疑応答、学生同士のグループ・ディスカッションなどがある。また、面接会場の内外で、同じ企業を志望する学生同士があちこちで集まって話をしている光景も目に入ったりする。彼らなりに情報交換や駆け引きをしているのだろう。このような状況でリクルート・スーツは何を意味するのだろうか。

通常、服装やヘアースタイル、また女性のメークは個性を表現するためにあると私たちは考える。自分の服装などによって「自分自身のイメージ」をまわりの人に伝達しているのだ。直接言葉を交わさなくても、服装を見ればその人の性格、趣味、職業、ライフスタイルまで、かなりの情報が得られる。それがわかっているからこそ、私たちは服装に気を使うし、ＴＰＯでファッションを変えたりするのが当然と考えている。だから服装も立派な自己表現のためのノンバーバル・コミュニケーションと言える。自分と同じ服を誰かが着ているのを見ると、何か複雑な気持ちになったりするのもまた事実である。中には「自分の色」や「自分のブランド」に、かなりのこだわりを見せる人もいる。そう考えてみるとリクルート・スーツはいかにも没個性的ではないだろうか？　銀行や証券などのいわゆる「お堅い業種」では、紺のリクルート・スーツしかまず考えられないらしく、そのような企業の説明会に行くと、会場が紺一色に染まることになる。学生も企業側も、それが当然だと考えている。日本の就職面接という場でなされるインターパーソナル・コミュニケーションの、最も重要な目的は志願者の能力や将来性、また自分の会社の**企業文化**に適応できるかを判断することであり、個性を見ることではない。となると個性を表現する服装によるノンバーバル・コミュニケーションは、かえって邪魔だということとなる。企業側にしてみれば一日に大勢の学生を短時間で面接し、判断を下さなければならないので、見るべき部分は少なければ少ないほど好都合なのである。一方、いろいろな意味で画一的な日本の学校教育を受けてきた学生の方も「個性で勝負」ではいかにも厳しいと考える。このようにリクルート・スーツは双方の思惑にかなったものである。もちろん服装だけではなく、先に説明したパラランゲージや姿勢、視線の合わせ方なども重要なノンバーバル・コミュニケー

企業文化
→英語ではcorporate cultureという。ある企業の経営理念から価値観、考え方、社員に期待される行動様式までを含む。日本語では「企業のカラー」というやや漠然とした表現がよく使われる。

ションであるが、一見しただけで相手に多くのことがわかってしまう服装が皆同じであることは、この上ない安心感をもたらしてくれるわけだ。ただし、最近では、マスコミやアパレルなど一部の業界では自由な服装で説明会や面接への出席を謳っている企業も増えており、学生にとっては悩みがつきない。ちなみにリクルート・スーツは和製英語であって、そんなものはアメリカなどには存在しないが、**“Dress for Success”**という本はベストセラーとなっている。これは、「出来る」ビジネスマンやキャリア・ウーマンにビジネスで成功するためにどのような服装がベストであるかを細かく解説したマニュアル本である。興味のある向きは一読してみるとおもしろいと思う。

「行動は言葉よりも声高にしゃべる」

日本の社会・文化でノンバーバル・コミュニケーションのポイントとなるものは「目」のようだ。「目は口ほどにものを言う」、「じっと目を見ろ」。何も言うな」、「流し目」、「目くばせ」といった具合に「目」でするコミュニケーションについてのいろいろな表現がある。英語に

Dress for Success
→Molloy J.T. (1988). *New dress for success.* New York: Warner Books.
Molloy J.T. (1996). *New women's dress for success.* New York: Warner Books

は“Actions speak louder than words.”という格言があり、これをそのまま訳せば「我々の振る舞いや行動は、言葉よりも声高にしゃべる」ということになる。口で言うより、行動で示すほうがインパクトがあるというわけで、確かにアメリカ人やラテン系の人たちはどのような場面であってもジェスチャーをふんだんに使いながら体全体を効果的に使ってコミュニケーションするように見える。友人との会話はさておき、演説や講演などの公式的な場面になればなるほど、直立不動の姿勢で話すことが多い日本人とは対照的である。

私たちが自分の体全体、または一部を使って行うコミュニケーションは、キネジクス（kinesics）と呼ばれるが、これには、ジェスチャーを始めとして、視線の合わせ方（アイコンタクト）、姿勢等が含まれる。私たちが、普通言葉によらないコミュニケーションとして連想するのはこれである。

ノンバーバル・コミュニケーションにおいても「文化相対主義」の考え方があてはまるという証拠に、キネジクスの中でも特に身振り手振りのジェスチャーは文化の違いが大きく現れる部分である。インターパーソナル・コミュニケーションの中に占める絶対量の違いがあるのは当然のことだが、それぞれの文化で違うジェスチャーが存在するのだ。やっかいなのは、ある文化に特有のジェスチャー等が存在する（つまり同じものが他の文化にはないか、同じ意味を表すジェスチャーが異なる）ばかりでなく、全く同じ、または同じように見えるジェスチャーが複数の文化に存在し、意味が異なる場合のふたつのケースがあることだ。前者の場合には単に相手の示すジェスチャーが理解できない、また逆にこちらのジェスチャーを理解してもらえないという問題が起こるが、普通はそれだけのことである。ところが、後者のケースでは笑い話で済めばよいが、誤解が深刻なコミュニケーションの問題に発展する可能性もある。

いくつか例を挙げてみよう。日米で全く正反対のジェスチャーがある。最も良く知られているのが、手招きのジェスチャーである。日本人は手の平を下に向けて「おいで、おいで」とやるが、これがアメリカ人の“Go away!”つまり「あっちへ行け」というジェスチャーと極めて紛らわしい。スローで見てみれば日本人は外から内に向かってかき込む感じで手を動かし、逆にアメリカ人の場合は内から外へ向けての手の動きとなるのだが、注意して見ないとその差がわからない。一つ間違えば、友情関係にひびが入ることもあり得るのである。また、日本人は直接相手の目を見て話すことが少ないし、むしろその方が礼儀正しいという印象を持たれる。日本人が相手なら問題はないが、これが別の文化では誤解される原因となる。アメリカ人はアイコンタクトを避けることを「自信がない」、「なにか隠し事をしている」、「うそをついている」というふうに非常に否定的に捉える。もちろん、アメリカでも相手を睨んだり、じっと見つめたりすることは失礼であると見なされるが、適度のアイコンタクトはスムーズなインターパーソナル・コミュニケーションに必須であると考えているのだ。また、これも有名な話だがアメリカのニクソン元大統領が満面に笑みを浮かべて両手で「ＯＫ」のサインを出している写真が、ブラジルの新聞にでかでかと載ったとき、多くのブラジル人は眉をひそめたという。ブラジルでは親指と人差し指で円を作ると、とても下品なジェスチャーになってしまうのだ。ちなみに日本では「ＯＫ」の他にも「お金／銭」とい

コラム
日本でのアイコンタクト事情
↓いわゆる「アイコンタクト(eye contact)の重要性について、欧米と日本では考え方が違う。日本でも人の目を見て話すことは大事だが、それは必要条件とはならない。不必要なアイコンタクトは相手に対する挑戦的な態度とも受け取られかねないし、就職面接などで下手に面接官と目が合ってしまうとこちらも緊張してしまう。面接官のネクタイの結び目を見る感じでやりとりをするのがよいと言われるのはこのためだ。

う意味もあることはご存知であろう。「お金」のジェスチャーといえば、アメリカ人は人差し指と中指を親指でこするジェスチャーで表す。つまり「お札を数える」感じである。ある時、英語のよくわからない日本人学生が路地裏に連れ込まれた。強盗はしきりに人差し指と中指を親指でこすって、「金をよこせ」と伝えようとしたが、その日本人学生は何を勘違いしたかバッグからティッシュを出して渡したそうだ。これは本当にあった話である。突然ティッシュを手渡された強盗の表情を想像するとつい笑ってしまうが、よく無事で済んだとも思う。異文化間のコミュニケーションで難しいのは、自分の文化で使われる意味解釈の枠組みのなかで、相手のコミュニケーション行動を理解しようとしてしまうことだ。これを「**自文化中心主義**（ethno-centrism）」と言うが、自分が無意識に自分の文化の尺度で相手のノンバーバル・コミュニケーションを解釈してないか、また逆に、相手が自分のノンバーバル・コミュニケーションを自分が意図する通りに解釈してくれるものと勝手に思いこんでいないかを、常にチェックすることが大事である。

自文化中心主義

→この姿勢が異文化間コミュニケーションの大きな阻害要因になる。この対極に位置するのが文化相対主義(cultural relativism)で、全ての文化に当てはまる絶対的な評価基準はなく、それぞれの文化に固有の行動パターンや慣習、価値観等はその文化の中で受容された基準でしか正当に評価出来ないとする考え方である。

気持ちや態度を伝える

ラブレターを書いたことがあるだろうか。好意を寄せる人へ、自分の気持ちを言葉にして伝えることがいかに難しいか、誰もが経験しているのではないだろうか。「君のことが好きだ」、「あなたは私にとって大切な人です」何とか言葉にしようとしてもうまく行かない、あるいは適当な言葉が見つからない。また、照れくさいし、手紙というのがいかにも重たい。あれこれ考えているうちに出しそびれてしまって、お蔵入りになったラブレターが何通もあったのではないだろうか。では同じことを、ノンバーバル・コミュニケーションでやってみたらどうだろう。ノンバーバル・コミュニケーションは言葉で表しにくいことを、実にうまく相手に伝えてくれるものなのだ。

第一に、人の感情は言葉によるよりも、ノンバーバル・コミュニケーションで、より効果的に伝えることができる。喜怒哀楽の基本的感情ですら言葉ではなかなかぴったりする表現がみつからない。実際、怒って文句を並び立てるよりも、黙って睨み付ける方が相手に対するインパクトが大きいし、悲しいときに流す涙、また喜びの笑顔や悲しみの表情も、全てノンバーバル・コミュニケーションなのだ。特に顔の表情は、自分の感情や気持ちを相手に伝えたりするのに、効果的であることに疑いはない。私たちはまず顔の表情で感情の種類を示し、感情の強さは体全体で表現する。本当にうれしいと私たちも「とびあがって」喜ぶし、勝利のガッツポーズ、万歳、胴上げ、またＴＶのナイター中継で、チャンスに三振した悔しさのあまりヘルメットをたたきつけたり、バットをへし折る野球選手等、全て感情の強さを表現するノンバーバル・コミュニケーションなのだ。このようにノンバーバル・コミュニケーションは、感情を直接表現するためにまさにうってつけのものなのである。言葉はあくまで私たちの感情を、間接的に説明するに過ぎないのである。

次に、ノンバーバル・コミュニケーションは相手に対して私たちがどう思っているか、相手と自分との関係がどうであるかを非常に効率的に示すのである。相手が自分のことを好きか嫌いか、私たちはいつも知りたいと思っている。しかし、「私のこと好き?」と直接聞くわけにはいかないのが普通である。そこで相手のノンバーバル・コミュニケーションから何とか手がかりを得ようとする。自分が好意を寄せている相手に、どんなしぐさや行動をしているかちょっと考えてみて欲しい。まず、笑顔を見せたり、アイコンタクトの頻度が増える、知らず知らずのうちに相手の方に体が傾く、相手との距離を狭めようとする、相手の話に頻繁にうなずく等、かなり特徴的なキネジクスが見られることに気づくだろう。相手が自分に対してこういうノンバーバル・コミュニケーションをしていれば、相手が自分に好意を持ってくれているか、少なくとも悪く思ってはいないと考えてもまず間違いはない。プレゼントをするという行為もノンバーバル・コミュニケーションなのだが、これは意識的、意図的に行うものなので、かえってそこに込められた気持ちを読み間違う可能性が高いので注意を要する。**バレンタインデーの義理チョコ**をめぐって、変に誤解が生じて困ったなどということも少なくないはずだ。

上下関係や力関係、先輩・後輩、社会的役割などの違いについても言葉で説明すると非常に面倒であるし、角が立つので出来るだけ避けたいものだ。そんな理由で、多くの場合、ノンバーバル・コミュニ

バレンタインデーの義理チョコ
→このような誤解を避けるため、「本命」にはチョコレートの他に、何か別にプレゼントをつけて渡すのが最近の傾向のようだ。

ケーションで情報がやりとりされる。「三歩下がって師の影を踏まず」という表現も、自分が尊敬する人との位置関係についてのノンバーバル・コミュニケーションのルールを表したものである。日本の社会で厳しく守られている「上座・下座」のルールや教室の教壇（床から一段高い）の存在など、全て上下関係を、言葉を使わずに示すノンバーバル・コミュニケーションである。会社でも自分の机がオフィス空間のどこにあるかで自分の組織の中での位置づけがある程度わかるし、出世するにつれて、机の大きさ、引き出しの数、椅子の材質や形が変化していく。数年前、有名な作家のM．H．が結婚した時のことである。例によってTVのワイドショーのレポーターが成田までおしかけ、これから新婚旅行に出かけようとするふたりを取材した。その時、彼女は夫の後ろをついて歩きながらレポーターの質問に笑顔で答え、実に幸せそうであった。数日後、新婚旅行から帰ってきたふたりを再びワイドショーのカメラが直撃した。その時、彼女は胸を張って前を歩き、夫がその後ろを歩いていたのだ。たった数日間の間に、夫婦間で地位の逆転現象が起きた。それを示すノンバーバル・コミュニケーションを、ワイドショーのカメラははっきりと写しだしたのである。

コミュニケーションの交通整理

あなたが町を歩いている時、大学時代の友人にばったり出会った。あなたは彼を喫茶店に誘い、話を始めた。久しぶりということもあって、話に花が咲き、時間のたつのも忘れてしまうほどであった。ふと気がつくと彼が腕時計をちらちら見ている。これはどういうノンバーバル・コミュニケーションだろうか？　相手が目上の人だったり、仲のよい友達であったりするとかえって「もうそろそろ、話を切り上げたい」ということを言葉で直接言いにくいものだ。そこで私たちは代わりにノンバーバル・コミュニケーションで、そうした「コミュニケーションの終わり」の意思表示をするのである。

交差点で信号機が故障したら、どんな事態になるだろうか？　あらゆる方向から車が交差点に進入し、大混乱になってしまうだろう。同じように、みんなが一斉に話を始め、誰も聞き役にまわらなかったら、コミュニケーションは成り立たないだろう。ノンバーバル・コミュニケーションは自分がいつ「話し手」になり、またいつ「聞き手」にまわるべきかを指示してくれる「信号機」のような役目をするのだ。具体的には、「目くばせ」や「長めのポーズ（間）」、「相手に手をさしのべるジェスチャー」などは相手の発言を促したり、「こっちの話を黙って聞け」というノンバーバル・コミュニケーションである。学生の授業中の私語が問題になっているが、「静かにしなさい」などと言葉で注意するよりは、教師が講義をやめて、黙ってしまう方が効果的な場合がある。

大学で講義をしていると、他にもいろいろおもしろい観察が出来て楽しい。講義の始めと終わりにチャイムがなるのだが、普通そんなものは必要ないし、教師の方は腕時計をしていなくても困ることはない。なぜなら学生のノンバーバル・コミュニケーションが時間を教えてくれるからだ。ただ、この「学生時計」は大体いつも5分から10分進んでいるのが困りものだ。授業の終了時刻が近づいてくると学生がそわそわ落ちつかなくなる。これが大体10分前くらいである。しばらくすると教科書やノートを閉じて、バッグにしまい始める。そしてバッグを肩に掛け、腰をずらし、前傾姿勢を取って、今や遅しとカウント・ダウンに入る。最後に教師の「今日はここまで」の言葉を聞くが早いか、脱兎のごとく教室を飛び出していくのである。これが毎時間繰り返されるのである。この場合、学生の方がノンバーバル・コミュニケーションで時間管理をしてくれているわけだ。

表現をより豊かに、わかりやすく

ノンバーバル・コミュニケーションは言葉で表現しにくいもの、例えば大きさや形を示すのに都合がよい。「昨日、海で大きな魚を釣った」という場合も、言葉で「30センチ」というよりも、両手の間隔で魚の大きさを示す方がずっとわかりやすいし、そのようにジェスチャーを交えて説明した方が何かと臨場感が生まれて好ましい。言葉では抽象的でわかりにくいものをノンバーバル・コミュニケーションはより具体的に、かつ効率的に表現してくれるのだ。何か指示を出すときも、「このテーブルをあそこに移動して」と言われただけでは、どうしたらよいのかわからないだろう。指で移動する場所を示しながら言ってくれればはっきりとわかる。また自分の言っていることの一部を強調したい、ここのところは是非注意して聞いてもらいたいと思えば、その部分をゆっくり、またメリハリのある口調で話したり、声をやや大きくしたりするのである。本や論文など書かれたものではそのような箇所には下線が引いてあったり、太字やイタリックになっていたり、傍点がついていたりするが、話し言葉で同じ役目をするのがノンバーバル・コミュニケーション、特にパラランゲージなのだ。

アメリカでは会話でも、演説などでもノンバーバル・コミュニケーションを多用する人は、ダイナミックで、エネルギッシュであるというプラスの印象を持たれる傾向が強い。**そしてさらにその人の言うことならば信用できる、とにかく説得力があるという評価につながるのである。**日本ではまだそこまでの認識はないかもしれないが、デパートなどで、いろいろなアイディア商品の実演販売をやっているその道のプロを観察してみると、その話術の巧みさもさることながら、ジェスチャーやアイコンタクト、そして実に見事な「間」の取り方などノ

そしてさらにその人の言うことならば信用できる、とにかく説得力があるという評価につながるのである。
→情報ソースとしての信憑性(source credibility)。

ンバーバル・コミュニケーションも駆使して、客をその気にさせていることがわかる。

空間の意味するもの

私たちが人と話をするとき、意識的、無意識的に相手との間に一定の距離を取る。それ以上、近づきすぎても、離れすぎても落ちつかない、そんなコミュニケーションに最適な距離がある。これを「**パーソナル・スペース**（personal space）」という。「パーソナル・スペース」は私たちが体のまわりにいつも持っている空間であり、普段はその存在にすら気がつかないが、それがひとたび他人に侵害されると、かなり感情的に反応したり、不快感を抱いたりするのである。ガラガラに空いた電車では、隣の人との間隔を十分すぎるほど空けて座るのが常識だろう。他に空席がたくさんあるのに、自分のすぐ脇に赤の他人が座ったらとても不快である。こんな時、人によっては、席を移動するという行動に出るだろう。また、週末の混雑したデパートでエレベーターに乗ると皆一斉にドアの上にある行先階の表示パネルをみる。こ

パーソナル・スペース
↓体のまわりにシャボン玉がくっついているイメージで、body bubble とも呼ばれる。

れらは全て「パーソナル・スペース」が侵害されたときに見られる典型的な自己防衛反応なのである。「パーソナル・スペース」の大きさには文化による差や個人差が見られるという。ラテン系、スラブ系、アラブ系の人たちはこの「パーソナル・スペース」が狭く、逆に北アメリカや西ヨーロッパの人たちはそれを広めに取る傾向がある。日本人の場合はさらに「パーソナル・スペース」を広く取ることが観察されている。また内向的な性格の人は、外向的な性格の人に比べてより広い「パーソナル・スペース」を必要とすると言われている。

文化人類学者の**エドワード・ホール**は平均的アメリカ人の観察から、この「パーソナル・スペース」を4つの領域に分類した。そしてコミュニケーションをするときに、人はその4種類の距離を、意識的、無意識的に使い分けているという。体に一番近い、およそ50～60センチまでを「親密な距離」と呼び、この距離にまで近寄ることを許されるのは家族や親しい友人など、ごく限られた人たちだけである。そこからさらに1.2メートル位までを「個人的な距離」といい、友人や知り合いとの個人的な会話は大体この距離を保ちながら行われること

エドワード・ホール
→Hall, Edward T. (1969). *The hidden dimension*. New York: Doubleday.

が多い。さらに離れて、3～4メートルを「社会的な距離」という。ここまでくると1対1というよりは、グループでの話し合いやパーティーやコンパでの複数の参加者によるコミュニケーションということになる。そして、それ以上は「公的な距離」となり、不特定多数の人間が出入りを許されるし、意図的にコミュニケーションをしようとするとそれなりの努力が必要であったり、マイクや拡声器の助けを借りなければならなくなる距離である。日本人の場合も大体似かよったものか、やや広めというところだろう。

ここで重要なのは、インターパーソナル・コミュニケーションでは、相手との人間関係、そこで話されるトピックによって適切な距離が決まってくるということだ。「パーソナル・スペース」はある種の「緩衝ゾーン」であり、自分に危害を加えるような人間、自分があまり好きではない人間、良く知らない人間に対しては距離を広くとろうとするし、逆に親しい人、信頼できる人、また親しくなりたいと思っている人であれば「親密な距離」にまで近づくことを許しても良いと考える。だから会話をしている時の距離を測ってみればその相手との人間関係の現状が容易に確認できる。ただし、話の途中でポケットからメジャーを出して、計測を始めたりするのはお勧めできない。また話題ということで言えば、「親密な距離」を相手との間に取りながら、政治や経済の堅い話題を取り上げることはないだろうし、「社会的距離」や「公的距離」で愛の告白をしたりすることもないだろう。それぞれの距離にふさわしい話題があるという、実に単純明快なルールである。

コミュニケーションに関係する空間には「パーソナル・スペース」のほかに「パーソナル・テリトリー(personal territory)」というものがある。そのまま訳せば、「個人的なわばり」ということになる。「パーソナル・スペース」と違って「パーソナル・テリトリー」はそれ自体固定されていて動かない空間で、私たちが一時的に占有することを許される空間のことである。具体的に例を挙げれば、教室、映画館、電車などの座席、自宅の自分の部屋、職場の机や椅子などがある。自分がその空間から物理的にいなくなれば、その空間は誰のものでもなくなるのだ。「パーソナル・テリトリー」が侵害された時の反応も、「パーソナル・スペース」が侵害された時となんら変わらない。寮などでルームメートが自分のベッドに服を脱ぎ捨ててあった時、また知らないうちに親が自分の部屋に入ってきた時どう反応するか。同じことである。「パーソナル・テリトリー」でおもしろいことは、人間も動物と同じように、自分のなわばりに目印（マーカー）をつけるということだ。家の表札も、カフェテリアや図書館の席を確保するのに自分の荷物を置いたり、服を椅子の背にかけたりするのも皆マーカーである。ここでどんなものであればマーカーとして機能するかを調べた、おもしろい実験を紹介しよう。カフェテリアの席にいろいろなものをマーカーとして置いてみた結果、ソースやわり箸ではまったくだめ、旅行のパンフレットなどもどかされてしまう。やはり、荷物や服などの個人的な持ち物で、占有者の存在がはっきりと示されるものでないと効果がないことが証明されたのだ。そういえば、動物の場合も自分のにおいをつけることでなわばりを確保している。人間もやはり動物であることにはかわりないということか。

ノンバーバル・コミュニケーションの奥深さ

ノンバーバル・コミュニケーションだけでコミュニケーションはでき

ても、言葉だけではまず不可能だ。それだけノンバーバル・コミュニケーションの果たす役割は大きい。ノンバーバル・コミュニケーションは、言葉で話している内容をより具体的に描写したり、一部を強調したりするのに使われるばかりか、言葉と矛盾する意味を伝えることもある。さらにコミュニケーションの流れをコントロールしたりもするのである。コミュニケーションの達人になるには、むしろノンバーバル・コミュニケーションの腕を磨くことが必要なのだ。**特に相手の微妙なノンバーバル・コミュニケーションを正確に読みとる能力**、そして自分のノンバーバル・コミュニケーションが相手にどう受け取られるか、またコミュニケーションや人間関係にどう影響するかを常にモニターし、状況に応じてスタイルを変えていく能力が重要であろう。ホールは、ノンバーバル・コミュニケーションを"silent language"と呼び、それが日本語では「沈黙の言葉」と訳されているが、この訳は適切なものとはいえない。ノンバーバル・コミュニケーションは決して沈黙することはない。「静かな中にも、大いなるパワーを秘めている」、それがノンバーバル・コミュニケーションの真髄であると言えよう。

特に相手の微妙なノンバーバル・コミュニケーションを正確に読みとる能力
→ホールによれば、日本は「高コンテクスト文化(high-context culture)」であり、日本人は言葉よりも、状況や相手との人間関係などのコンテクスト(context)などを含めたノンバーバルな要素を手がかりにインターパーソナル・コミュニケーションを行う傾向が強いので、なおさらこの能力が重要になってくるのだ。

第4章
わたしは誰？
セルフコンセプトとコミュニケーション

「鏡よ、鏡。この世の中で一番美しいのは誰？」白雪姫の継母で意地悪なお后がたずねると、鏡の精は「それは白雪姫」と答える。その返事に激怒した彼女は、白雪姫に毒を盛ってしまう。これは皆が知っているグリム童話の有名なエピソードである。なぜその意地悪なお后は鏡の精の言葉に腹を立てたのであろうか？　それは彼女が思っている自分のイメージと、鏡の精が見ている彼女の姿が一致しなかったからである。鏡に映して見る自分の姿を「ルッキング・グラス・セルフ(looking-glass self)」、そして人が自分をどう見ているかについての情報を「リフレクテッド・アプレイザル（reflected appraisal)」という。つまり、「自己認識に基づく自己イメージ」と「他人の目を通して知る自己イメージ」、そのふたつをあわせたものが我々のセルフコンセプト（self-concept)、つまり「自己概念」となる。また、そのふたつのイメージが一致することが望ましく、そうでないと我々は不安になったり、人間関係がぎくしゃくして、うまくいかなかったりするのである。

「僕は○○大学の三年生です」、「明るい性格の私です。どうぞよろしく」、「わたし、最近太っちゃって、ダイエットしなきゃ」、「外国人に道を聞かれてちゃんと説明できた。私の英語力もまんざらではないかも」、といったコメントは我々が自分をどう見ているかを表している。このように我々は自分の身体的特徴や社会的役割、また性格、能力について、あるイメージや自己評価を持ち、それを意識的、無意識的に言葉やしぐさで**表現して、コミュニケーションをしているのである。**そしてなぜ我々は、自分のセルフコンセプトを相手に示すのであろうか？　我々は実はまわりの人間からの確認のメッセージを求めているのである。このようにセルフコンセプトは我々のコミュニケーションに大きな役割を果たしているのである。

私はこんな人間

では、どうしたら自分のセルフコンセプトがはっきり認識できるのであろうか？　ここでぜひ**やってみてほしいこと**がある。それはまず紙と鉛筆を用意して、紙に1から20まで番号を振る。つぎにその番号の横に「私は・・・」という書き出しで自分についての自分なりのコメントを書いていって欲しい。最初のうちはスラスラ書けるだろう。

・・・表現して、コミュニケーションをしているのである。
→インターパーソナル・コミュニケーション・スタイルには、各人のセルフコンセプトが強く反映される。

やってみてほしいこと
→"Who Am I?" test

10番目あたりからペースが落ちてくると思うが、あきらめずにがんばってもらいたい。20個のコメントを書き終えたら、あらためてそのリストをじっくり眺めて欲しい。それが、「私は誰？」という質問についての自分の答えなのである。そのリストから次のふたつのことが見えてくる。まず第一に、自分のイメージの中で重要だと考えている自分の特徴である。「私は人がよい」、「私はさっぱりした性格だ」、「私は優柔不断である」など自分の性格や人柄についてのコメントが多い人、「私はOLである」、「私はサークルの副部長である」、「私は父親である」といった具合に、社会で果たしている役割が中心になっている人もいるだろう。さらに、「私は背が低い」、「私は髪が長い」、「私は走るのが早い」、「私はテニスが得意である」など自分の身体的特徴や能力についてのコメントが目立つ人もいるだろう。

第二に、それぞれのコメントの内容を自分自身の長所と捉えているか、短所と捉えているかどうか、つまり自分の自己評価が高いか、低いかである。これを**セルフ・エスティーム**（**self-esteem**）という。ただ、ここで注意しなければならないのは、あくまでもそれは自己評価

セルフ・エスティーム
→自分のセルフコンセプトに対する自己評価。ある種の自尊心（プライド）とも言える。

であって、世間一般の評価基準とは必ずしも一致しないことである。例えば、「私は背が高い」というコメントも、それが好ましいと思っている人もいれば、逆にそのことにコンプレックスを感じている人もいるし、様々であるからである。大事なのは自分がどう感じるかである。そこで、もう一度、先ほどのリストに戻って、今度はそれぞれのコメントの前に自分が長所と考えるものには「+」を、逆に自分の短所やできれば直したい部分に「−」を書いて欲しい。さて、「+」がついたコメントはいくつあったであろうか？　20個ズラリと「+」が並んだ人がすばらしいかというと、必ずしもそうではない。そういう人は「−」がたくさんある人と同じくらい自己評価に偏りがあるということで、決してほめられたことではないのである。前者の場合には、自分の短所から目をそむけて、良いところだけを過大評価している可能性があるし、後者の場合は自分の長所を適切に評価することができない、自分に必要以上に厳しすぎる人なのかもしれない。いずれにせよ、セルフコンセプトが健全な状態にあるとは、必ずしも言えないのである。「+」と「−」のバランスがうまくとれていることが大切なのである。これであなたのセルフコンセプトの健康診断を、まずやってみて欲しい。

私が私であるために――「本当の自分」とのギャップ

セルフコンセプトについて深く考えてみると、おもしろい点に気づく。それは、セルフコンセプトが場面や状況に応じて変化することである。自分の見ている自己イメージを、私たちは、コミュニケーションを通していつも100％表現し、提示しているわけではない。例えば、就職面接などでは自分の知識、経験、能力、意思の強さといった部分を強調し、企業の人事担当者に「自分は仕事のできる人間である」という自己イメージを提示するであろう。このような状況では、「自分は料理が上手である」とか「自分は朝が苦手である」といった自己イメージの部分は、不必要であるし、内定をもらうという目的とは反するものである。余談ではあるが、履歴書というものも眺めているだけで応募者のセルフコンセプトが想像できて、興味深い。でも、どうして取得資格や特技の欄になんでもかんでも書くのだろうか？

話を元に戻そう。親しい友達や家族とのコミュニケーションの中で見せる自分の自己イメージは、就職面接の場合とはかなり違ったものになることは当然である。つまり、相手によって見せる自分の姿が違うのである。我々は皆「多重人格者」なのであろうか？　いや、そうではない。我々のセルフコンセプトは、「リアル・セルフ（本当の自分）」、「プリゼンティング・セルフ（相手に見せている自分）」、そして「アイディアル・セルフ（理想の自分）」の三つの要素が複雑に絡み合って構成されている自分のイメージである。セルフコンセプトは、全体としては比較的安定した自己認識の集合体であるが、状況やコミュニケーションの相手、またタイミング等で、**そのどの部分が提示されるかが変わってくる**。それが普通であるし、当然のことなのである。どのような場合でも自分をワンパターンでしか提示できない人間は、逆にコミュニケーション能力が高いとは言えないのである。自分のセルフコンセプトのどの部分を提示するか、強調するかは自分の意志や選択で決められる場合もあれば、社会のルールや規範によって支配されることもあるだろう。また、自分が信じている「リアル・セル

そのどの部分が提示されるかが変わってくる。

↓セルフコンセプトの多面性、多次元性(multi-dimensionality).

フ（real self）」が、必ずしも相手にそのまま受け入れられているという保証もないし、そもそもそれが「本当の自分」だということはもしかしたら誰にもわからないのである。

セルフコンセプトについて我々が客観的になれないもうひとつの要因が、「アイディアル・セルフ（ideal self）」の存在である。「アイディアル・セルフ」は、言うなれば、「両刃の剣」である。「アイディアル・セルフ」とは自分はこうありたいと思っている文字通り、「理想」の姿であり、そのような自己イメージがあるからこそ向上心も生まれ、自分を高めていこうという動機づけにもなるのである。但し、その理想のレベルが問題なのである。我々が自分を評価する場合に、何を基準にするかといえば、社会で受け入れられている基準であって、特にメディアがその基準を設定しているケースが多いことに気づく必要がある。例えば、拒食症に悩む女性は、実際そうではないのにもかかわらず、「自分は太っている」という自己イメージを持っており、彼女たちの「アイディアル・セルフ」はファッション雑誌のグラビアを飾っているトップ・モデルなどであるというケースが多いと聞く。

我々はまわりの人間との比較において自分の「リアル・セルフ」を相対的に評価する傾向があり、「アイディアル・セルフ」の基準となる比較の対象を選ぶ際に、あまりに高い理想を目指そうとして、いわゆる「完璧主義の罠」に陥ってしまうことがある。そうなるとかえって自分に無理を強いる結果となることが多いともいえる。いきなり高い目標を設定するのではなく、努力すれば達成可能なレベルを目指すことが健全なセルフコンセプトの形成にとって重要なポイントとなる。

客観的で、**現実的なセルフコンセプト**を持つことがコミュニケーションをスムーズに行うための必要条件であることはいうまでもない。

シグニフィカント・アザー――「大切な他人」

セルフコンセプトが、我々が見ている自分の姿（自己認識に基づく自己イメージ）、ばかりでなく、周囲の人間が自分をどう見ているか（他人の目を通して知る自己イメージ）を含めた複数の情報に基づいて形成されることは最初に述べたとおりである。もっと詳しく見てい

現実的なセルフコンセプト
→ realistic self-concept

シグニフィカント・アザー
→ significant other

ると、いろいろな要素がセルフコンセプトの形成に関係していることがわかる。

まず、自己認識に基づく自己イメージについて見てみよう。これが姿見に映してみる自分の姿であるとすれば、毎日のように変わり、また時間によっても変化することは容易に想像がつく。朝起きた時に見る鏡の中の自分の顔が毎日違うのと同じだと考えればよい。言ってみれば、その時の気分によって自己認識に基づく自己イメージは変化するのである。また、もっと長い目で見れば、子ども時代から、青年期を経て壮年期、そして老年期へと移行するそれぞれのライフステージにおいて、あるいは学生から社会人となる時、結婚、昇進・転職・転勤等の人生における節目で大きく変化することが考えられる。例えば、優秀なエンジニアとして会社に多大な貢献をしてきた人が、その功績を認められ管理職に昇進したとたんに、人事管理がうまくできず、「エンジニアとしての自分の自己イメージ」と「管理職としての自分の自己イメージ」とのあまりに大きなギャップにショックを受けるといった話は良く聞くものである。

次に他人の目を通して知る自己イメージであるが、我々が一生の間に関わりをもつ人間は数知れない。しかし、そのうち我々のセルフコンセプトの形成に影響を及ぼす人たちはほんの一握りである。大多数の人とはそこまで深い関係をもつことはないのである。「シグニフィカント・アザー（大切な他人）」とは、我々がセルフコンセプトを形成していくために重要で、有益な情報を提供してくれる人たちのことである。

我々はセルフコンセプトの一貫性を維持しつつ、その形成を図りたいと思っている。その一方で、自己認識に基づく自己イメージがある意味で周期的に変動することは前にも述べたとおりである。従ってその安定のためには、周囲の人間から自分の「プリゼンティング・セルフ（presenting self）」について確認を得ることが必要になってくるのである。また、我々がセルフコンセプトを形成・確立するために必要な、正確な情報もまた、周囲の人間が提供してくれなければならない。では、「シグニフィカント・アザー」にはどのような人達が含まれるのであろうか？　家族、特に両親、親友、先生、クラブのコーチ、先輩、上司、配偶者、その他の自分が日常親密にコミュニケーションを行い、ありのままの自分の姿を見せることができる人々である。言い換えれば、自分が心から信頼し、安心してコミュニケーションができる人々である。そういう人たちのコメントであれば、多少批判的であっても素直に耳を傾けることができるし、それを基に自分のセルフコンセプトをより客観的で、現実的なイメージとして確立する事ができるのである。「この人なら自分のことをきちんと評価していてくれる」、「この人の意見ならきっと正しいし、信じていいと思う」と心から思える人がまわりにいるかどうかが、我々のセルフコンセプトが健全に育つかどうかの鍵を握っており、この「大切な他人」とのコミュニケーションがうまくいかないと、セルフコンセプトの形成が困難になったり、遅れたりするのである。小さな子どもにとっては、両親が唯一の「シグニフィカント・アザー（大切な他人）」であるが、最近、「アダルトチルドレン」と呼ばれる子どもや若者が増えてきていることが社会問題視されている。彼らは自分にとって「大切な他人」である両親との関係が不完全なものであったり、大人の身勝手な価値観に基づく過大な期待に一所懸命応えようとするあまり、精神面や人間関係

コラム

アダルトチルドレンと機能不全家族

→親がアルコールやギャンブルの依存症だったり、家庭不和、親の長期不在等による、「機能不全家族」の中で育つ子どもは、家庭に欠けている親の役割を自ら果たそうとし、親から愛されたいという強い欲求から「いい子」「やさしい子」「しっかりした子」になろうと背のびをしてしまう。子どもの頃のその体験が原因で、大人になってから、依存症になったり、鬱病にかかったりするケースが多い。このような傾向を説明するのに一九七〇年代にアメリカのソーシャルワーカー達がAdult Childという用語を使った。広義には親の期待する「いい子」、「優等生」になろうとするあまり、社会に適応できなかったり、人間関係がうまくいかず、様々な精神的障害に陥る人々をこう呼ぶ。

で様々な問題を抱えてしまうのである。ある意味で、「大切な他人」からの影響力があまりにも大きすぎるためにセルフコンセプトの形成に歪みが生じていると考えることができる。あくまでも、「ルッキング・グラス・セルフ（姿見に映してみた自分の姿）」、そして他人が自分をどう見ているかについての情報、つまり「リフレクテッド・アプレイザル（他人に投影された自己イメージ）」をバランス良く取り込んで、自分のセルフコンセプトを確立していくことが大切である。あなたには、「大切な他人」といえる人がいますか？

セルフコンセプトとコミュニケーション・スタイル

セルフコンセプトは我々のコミュニケーションにいろいろな形で影響を及ぼす。まず、行動パターンに影響を及ぼすであろうことは容易に想像がつく。自分のセルフコンセプトに対する評価の高い、つまりセルフ・エスティームの高い人は、そうでない人に比べて、リスクを恐れずに行動できる。つまり、何事についてもチャレンジする、前向きな姿勢がとれるのである。「意志あるところに道あり」の格言が示す通り、自己イメージについての自己評価が高ければ、より高い目標を自信を持って目指そうとし、たとえ失敗したとしてもそれで「自分をダメな人間」だとは思ったりはしないものである。逆に、セルフコンセプトがしっかりと確立していない人間は、初めから失敗することを予想して行動することが多いため、実際結果も良くない場合が多い。若い駆け出しの営業マンが「自分のような未熟な人間がこんな大きな仕事をとれるわけがない」と思っていれば、顧客とのコミュニケーションでも消極的になってしまい、結局、契約が取れないということになってしまう。このように自分の自己イメージに合わせて行動することにより、予想通りに物事が展開してしまうことを「自己成就的予言（**self-fulfilling prophecy**）」というが、かの有名な**マーフィーの法則**にも**"If anything can go wrong, it will."**（失敗する可能性のあるものは、必ず失敗する。）というのがある。こうした苦い思いを何度か経験するうちに、セルフ・エスティームの低い人間は、失敗すれば自分の人格そのものまで否定されてしまうと考え、自己防衛的になるあまり、成功する確率の低いことにはあえてチャレンジしないというパ

マーフィーの法則
→米国空軍の技師であったエドワード・マーフィー(Edward A. Murphy, Jr.)が単純な人為的ミスで実験が失敗したときに言った名セリフ。人生における教訓として後に様々なバリエーションが考案され、一冊の本にまとめられたものがベストセラーとなった。Bloch, Arthur (1977). *The complete Murphy's Law: A definitive collection*. Los Angeles, CA: Price Stern Sloan.

ターンを取るようになる。そのためいつまでも達成感が感じられず、セルフ・エスティームも一向に改善しないという悪循環に陥ってしまうのである。

次に、メッセージの送り手として自分の意思を相手に伝える場合に、セルフコンセプトがどう影響するかを考えてみよう。我々は誰かとコミュニケーションする時、自分の考えや気持ちを言語・非言語コードに翻訳して、メッセージとして相手に発信するわけであるが、そのメッセージには我々のセルフコンセプトが反映されるのである。そもそも自分のセルフコンセプトが十分に確立されていない、すなわち自分がどんな人間であるかが明確にわかってなければ、自分をどう表現して良いかわからないであろう。また、セルフ・エスティームは、もっとはっきりと我々の発信するメッセージ、特に言葉の選び方に影響を及ぼす。「僕は無口で、おもしろくない男だけど、こんど食事でもどうかな?」などと誘われたら、女性は喜んでデートをＯＫするだろうか?　「私のことどう思う?　嫌いなら嫌いって言ってくれていいんだけど・・・」などと聞いてくる人もいるが、この人はこのようなメッセージを送ることで予防線を張り、自分の相手に対する感情が拒否されても自分のセルフコンセプトが傷つかないよう守ろうと必死なのである。「おいしいレストランを見つけたんだけど、ぜひ君をつれていってあげたいんだ」と言われた方が、どんなに相手もうれしいかわかるだろう。相手の自分に対する気持ちを確かめるにしても、セルフ・エスティームの高い人なら遠回しに表現せず、「君が僕のそばにいてくれてとてもうれしいよ」と自分の気持ちを直接、素直に表現できるであろう。一方、セルフコンセプトの確立されていない、しかもセルフ・エスティームの低い人は誰かとコミュニケーションをすること自体が不安になり、いわゆる「コミュニケーション恐怖症」にかかってしまう。その結果、メッセージの発信そのものをやめてしまうことさえあるのだ。

我々がメッセージの受け手の立場になった場合はどうであろうか。今度は我々のセルフコンセプトやセルフ・エスティームが、意味解釈のフィルターとして機能するのである。普通、我々は自分のセルフコンセプトとの一貫性を保つようにメッセージの意味を解釈するのであるが、セルフ・エスティームの低い人の場合、自己防衛反応が強く働いて、相手からのメッセージの意味を大きく曲解してしまうのである。「あなたのその服良く似合ってるわよ」と言われて素直に喜ぶどころか、「全然。この服だとデブに見えるわ」と相手のメッセージを無理に自分のセルフコンセプトに合わせてしまう。ほめた側はこの意外な反応に戸惑ってしまうかもしれない。少しでも否定的なコメントをされた時に、即座に過剰に反応してしまったり、相手が本心から言っていることを皮肉だと解釈したり、場合によっては聞かない振りをするなど、非常にコミュニケーションがやりにくいという印象を与えてしまいがちである。

最後に、セルフコンセプトは意思決定のプロセスに影響を与える。何か大事なことについて考えている時、我々は自分自身にどうすべきかを問いかけているのである。例えば、朝起きる時、「今日、授業にちゃんと出席すべきか、さぼってしまうか、さてどうするか」ということが頭をかすめたとする。そこでセルフコンセプトやセルフ・エスティームがどう最終的な意思決定に影響するか、もうおわかりだろう。

セルフ・エスティームの高い人のコミュニケーションの特徴

1　他人をほめ、悪口を言わない。
2　周囲の人は自分を受け入れてくれるだろうと期待する。
3　自分の功績に対する自己評価が高い。
4　周囲の目があると逆に闘志が湧く。人の意見を気にしない。
5　上司や教師が高い要求をしてくれれば、かえってやる気が出る。
6　自分より優れていると思われる相手でも、物怖じしない。
7　他人から非難されても、きちんと自己弁護ができる。

セルフ・エスティームの低い人のコミュニケーションの特徴

1　他人の良いところを認めようとしない。
2　周囲の人は自分を受け入れてくれないだろうと、最初から思う。
3　自分の功績を自分で十分に評価できない。
4　周囲の目があると実力を発揮できない。人の意見を気にする。

5 むしろ要求水準の低い、批判的でない上司や先生であると安心する。
6 自分より優れていると思われる相手だと萎縮してしまい、何も言えない。
7 他人から非難されると、自己弁護ができない。他人からの影響を受けやすい。

ハマチェック（一九八二）

自分を変えてみよう！——あなたもOK、私もOK

セルフコンセプトを「自己認識に基づく自己イメージ」と「他人の目を通して知る自己イメージ」に基づいてしっかりと確立し、また高いセルフ・エスティームをもつことが人とスムーズにコミュニケーションを行うために重要であることはわかってもらえたと思う。では、どうすれば私たちはセルフコンセプトをより好ましい方向へと改善していくことができるのであろうか。まず、前にも述べた「完璧主義の罠」に陥らないようにすることである。私たちはともすれば「すべきだ症候群」にかかってしまいがちである。「母親として子どもにはこう接するべきだ」、「上司としてきちんと部下の指導をすべきだ」、「男なら弱音をはくべきではない」といった具合に、つい自分や相手に過大な期待をかけてしまい

ハマチェック
→Hamachek, D. E. (1982). *Encounters with others: Interpersonal relationships and you.* New York: Holt, Reinhart and Winston.

がちである。このようなことをすれば、やはり、セルフコンセプトにひずみが生じてしまう。高い目標を設定し、それに向かって常に努力することは立派である。しかし、それを自分に課せられた「義務」や「責任」にしてしまい、その達成によって自分の価値、つまりセルフ・エスティームが決まると考えることで自縄自縛の状態に陥ってしまい、結果としてコミュニケーションがうまくとれない、失敗をおそれるあまりコミュニケーションを避けてしまうケースがあまりに多いと言える。「アイディアル・セルフ（理想の自分）」にのみ目を向けるのではなく、「リアリスティック・セルフ（現実的な自分の姿）」を正当に評価する、つまり「完璧でない自分と向き合うことができるか」がポイントになってくる。自分に甘く、他人に厳しい人は世の中に多いが、自分にも、他人にも厳しすぎる人間も少なくない。お互いのセルフコンセプトを、たとえそれが不完全であったとしても、受け入れることのできる寛容な態度（あなたもOK、わたしもOK）でコミュニケーションをすることができれば、どんなにか気が楽であろう。逆に、相手に気に入られようとして、自分のセルフコンセプトとは違った自分のイメージ（仮面をかぶった姿）を示したり、いいところを見せようと、ことさらに背伸びをしたりすることが、その後の人間関係にどう影響するか是非考えてみてほしい。自分に正直に、つまり自分の現実的なセルフコンセプトに忠実にコミュニケーションを行うことがベストなのではないだろうか。自分のセルフコンセプトで不十分な部分の補正や、セルフ・エスティームの向上のために日々努力することが大切なのである。そのためには、我々がセルフコンセプトを形成していくために重要で、有益な情報を提供してくれる人たち、つまり「シグニフィカント・アザー（大切な他人）」とのコミュニケーションを通して多くの信頼できる自分のイメージについての情報を得ることが必要なのである。より満足度の高いコミュニケーションは、健全なセルフコンセプトが確立できてはじめて可能なのであり、そのためには現実の自分のイメージを、いいところも悪いところも含めて受け入れること、不完全な自分であっても真正面から向き合うこと、そして相手のセルフコンセプトについても同じように寛容になることである。もう一度繰り返すが、「**あなたもＯＫ、わたしもＯＫ**」、このような姿勢がインターパーソナル・コミュニケーションでは大切なのである。

「**あなたもＯＫ、私もＯＫ**」→ "You're OK, I'm OK."

第5章
見ること、聞くこと、そして知ること

かつて「**お化け煙突**」というものが東京にあった。発電所か工場かは忘れてしまったが、電車の車窓から見ていると、煙突の本数が時々刻々変わるのである。実は4本あるのだが、見る角度によっては、一部が重なって見えるため数が変わる。子ども心にとても不思議な光景であったことを憶えている。私たちは視覚、聴覚、嗅覚、触覚、そして味覚の五感を通して外の世界についての情報を得て、そこに何があるかを知るのだが、物であれ、人であれ自分が見ている対象について、いつも正確に認識しているかどうか疑わしいし、自分の見方が常に正しいと思いこむことが一番危険だ。この「お化け煙突」はそんなことを教えてくれていたように思う。インターパーソナル・コミュニケーションでは、まず対象として相手の存在を認識することから全てが始まる。しかし、なによりもお互いを**ユニークな個性を持ったひとりの人間としてみることがなかなか難しい**のである。対象が物であれば、客観的に見られるからまだ問題は少ないのだが、相手が同じ人間だとそうはいかないし、私たちの認識そのものが、正しいか、間違っているかがその相手との人間関係にまで影響を及ぼすのだから慎重にならざるを得ない。

お化け煙突
→一九六〇年代まであった、東京電力の千住火力発電所の煙突だったらしい。実は4本の煙突が扁平なひし形の各頂点に立っており、電車の車窓から見る方向によって、2本、3本、あるいは4本に見え、ごくたまに1本に見えるときがあったという。

ユニークな個性を持ったひとりの人間としてみることがなかなか難しい。
→認識する対象が物体の場合(object perception)よりも、同じ人間の場合(person perception)の方が、対象と見る主体の間に類似点が多いため、かえって複雑になる。

認知のフィルター

私たちは一日のうちに大勢の人と出会う。その中には通りすがりの人も含まれ、その数はおそらく何百人にものぼるであろう。これが毎日のように繰り返されるわけだから、1年間、また一生のうちに出会う人間の数は天文学的な数字になるだろう。ただ、その中で会ったことだけでも憶えている人、というと何人もいない。自分の視界に入ったことは確かなのにもかかわらず、殆どの人は記憶にない。これはどういうわけだろうか。認知のプロセスのポイントは「選択的」であるということだ。人間の脳が処理できる情報量には限りがある。そのオーバーロードを防ぐためのリミッターの役割をするのが「選択的認知のプロセス」であり、「認知のフィルター」なのだ。そもそも私たちの感覚器官には能力の限界がある。非常に小さいものや遠くのものは、顕微鏡や望遠鏡などの助けを借りなければはっきりと見ることができないし、人間の耳で聞こえる音の範囲も犬やコウモリなどの**動物と比較してとても狭い**。その他の感覚器官にも、刺激がある一定レベルを越えないと感じない、いわゆる「**閾値**」があり、情報の入り口で、まず情報量が制限される。また、

・・・**動物と比較してとても狭い。**
→人間の耳に聞こえる音の範囲（可聴域）は約20Hzから2万Hzと言われている。だから一般のFM放送やCDの再生音ではこの範囲以外がカットされている。コウモリは3倍の6万Hzの超音波で交信すると言われる。

閾値（threshold）
→感覚器官が感知できる最低レベルの刺激量。

最初のお化け煙突の例でもわかるように、視界や見る角度によっても見えるはずのものが見えないケースもある。

このような物理的なフィルターのほかに、心理的なフィルターが常に働いている。個人的な性格にもよるし、その時の気分で、ものの見え方が違うこともある。だから預金通帳の残高を見て、「今度の給料日までまだ3万円残っている」と思う人もいれば、「もう3万円しか残っていない」と思う人も出てくる。また、何か考え事をしていたり、他のことに熱中していたりすると、当然認識できることができなくなってしまうこともよくある。退屈な授業中やいつ終わるともわからない会議中に、そういう状態になった経験は誰にでもあるはずだ。また自分自身の過去の体験や、現在の欲求、目的によっても認知のプロセスがかなり左右される。おなかがひどく空いていれば、何でもおいしいと感じられるだろうし、過去の苦い経験から、見るのもイヤというものがあれば、意識的に見ないようにすることも考えられる。

私たちはこのような「認知のフィルター」によって、取り入れる情報の選択をするわけだが、それを4つの段階で行う。

「選択的露出（selective exposure）」は対象そのものに近づくことをしないというやり方で、認知をコントロールすることだ。視界に入ったり、音や声が聞こえる領域に入ったりすれば、否応なしにその存在を認めることになる。物理的フィルターを効果的に使ってそれを避ける一方で、自分にとって好ましい情報ソースにのみ接触を図るような行動パターンである。いつも小言ばかり言う親と顔を合わせないようにひとり暮らしをすることを考え、自分と同じ考え方や価値観を持つ友達とだけつき合うようなケースがこれである。

次に「選択的注目（selective attention）」で、これは対象について自分が受け入れられる、または望ましいと考える一部の特徴にのみ注目して認識することである。例えば、結婚相手の条件に「三高（高身長、高学歴、高収入）」を求める女性や本屋の店先で表紙だけで特定の雑誌を選ぶ人はまさにこの「選択的注目」をしているのだ。

三番目が「選択的解釈（selective perception）」で、これは人が認識された情報をあえて歪めたり、自分に都合の良いように解釈するという傾向を意味する。まさかはずれると思って宝くじを買う人はいないだろうし、「あばたもえくぼ」に見えるのはこのためだ。

四番目が「選択的保持（selective retention）」で、これは、脳の記憶容量には限界があり、認識した情報を全て記憶していったらすぐにパンクしてしまうからだ。私たちは、自分にとって役に立つ、重要だと思われることだけを最終的に記憶する。その他のものは一瞬認知されたとしてもすぐに消去されてしまうのだ。だから、通りすがりの人のことは全く憶えていなくて当然だし、そのおかげで私たちも気がおかしくならずに済んでいるといっても良いだろう。ただし、私たちが見たもの、聞いたものは全体のごく一部であり、認知のフィルターにより知覚しなかったもの、受け取ったものの最後まで処理し切っていない情報が大量にあるのだという事実を忘れてはならない。

最初の5分間

次のページの写真を2、3分間見てほしい。そしてこの人物について、次の質問項目に答えてみてほしい。

1　年齢は？　2　既婚か、未婚か？　3　職業は？
4　好きな色は？　5　趣味は？　6　人柄、性格は？
7　将来の夢は？

全部記入できたら、答えあわせをしてみよう。（このページ下に答がある。）いくつぐらい正確に当てることが出来ただろうか？　易しかったもの、難しかったものはどれか？　また何を根拠にしてそのような判断をしたかについても考えてみてほしい。こんなふうに、私たちはいろいろな場所や状況で出会う人々についてある印象をもち、その印象に基づいてコミュニケーションをしている。そのプロセスについてもう少し考えてみることにしよう。

英米人は初対面の人との出会いでは、「最初の5分間（first five minutes）」が重要な意味を持つと考えている。つまりお互いの第一印象は会ってから5分間で決まってしまうというのだ。第一印象がこれから始まる人間関係に大きな影響をもつことは疑いがない。では、相手の第一印象を決めるのに私たちはどのような「選択的認知」をしているのか考えてみよう。服装や顔立ちをまず「チェック」する人もいれば、相手の職業、出身校といったバックグランドに基づくステレオタイプに頼ろうとする場合もあるだろう。限られた時間内に相手がどういう人間であるか、自分との相性はどうか、友達になれるか、一緒に仕事が出来るかなど様々な決断をする必要があるため、すぐに目に付く相手の特徴に

133ページの答

1. 40代
2. 既婚
3. 某女子大学教授。専門はコミュニケーション。
4. ブルー
5. オーディオ、コンピュータ、食べ歩き。
6. 自分のポリシーを貫く。少々頑固なところも？
7. 宇宙旅行

「選択的に」注目するのだ。そして、残りの時間でその人がどう自分とコミュニケーションをとるかについて観察する。この時、話の内容そのものではなく、むしろ話し方、しぐさや表情、視線などのノンバーバル・コミュニケーションの方に注目するのである。

第一印象を決める際に、時間を節約する方法は他にもある。これから会う相手について事前に情報を集める、知り合いに評判を聞くということもよく使う手だ。また、自分の過去の記憶をたどって、過去に自分が出会ったり、つき合ったりしたことのある人と、自分の目の前にいる人物とを**比較し、共通点を探そうとしたりもする**。問題は、このようにして決めた相手の第一印象が正しいかどうかは、ずっと後になってからでないとわからないことだ。さらに相手の性格や価値観、人生観などの情報は出会ってから最初の段階では明らかにならないため、第一印象そのものがかなり表面的であり、相手のほんの一部分しか評価していないと言えそうである。にもかかわらず、私たちはその第一印象で相手との人間関係について将来の発展性までも決めてしまうことがよくあるのだ。これではお互いにとって不幸な結果をもたらしかねない。相手も自分に

・・・比較し、共通点を探そうとしたりもする。
↓相手が自分の知っている人物に似ているかどうかがわかるだけでも大いに助けになる。人から誰かを紹介されるとき、「タレントでいうと誰に似ている?」、と反射的に質問してしまうことがあるのはこのためだ。

対して同じことをしているのだという自覚を持って、「最初の５分間」をくれぐれも大切にしてほしいものだ。

このようにして決まった第一印象は、その後、相手について観察したり、聞いたりすることの「選択的解釈」の**基準として利用されるのだ。**「礼儀正しく、丁寧な人」という第一印象を持てば、その人の全ての行動や言動は、その第一印象と矛盾することのないように解釈されるのである。人間はこのように認知のレベルでの一貫性を保とうとする。いわゆる「真面目で成績優秀な」営業マンがケンカをして、警察に保護されたとしよう。そのようなケースで上司は「酒をのみすぎたせい」、「魔がさしただけ」というかもしれない。つまり、原因をその人自身ではなく、他の要因のせいにして認知的な矛盾を避けようとするのだ。

第一印象を決める際に興味深いことがいろいろ起きる。例えば、良いことでも、悪いことでも相手についてたったひとつのことがあまりに強烈な印象として残ってしまい、他の部分が一切見えなくなってしまうことがよくある。「ひとめ惚れ」はこういうケースでよく起きる。こうなると、友達の忠告なども一切耳に入らない。これを「ハロー効果（halo effect）」と

・・・**基準として利用されるのだ。**
↓これを印象の「初頭効果(primacy effect)」という。

いう。逆光で写真を撮ると人物が強烈な太陽の光に隠されて、影としか写らない。これと**同じことが人間関係にも起きるのである**。そして、「何であんな人に夢中になったのか」と後でしきりに後悔したり、反省したりするのだ。

第一印象は短時間のうちに、ごく限られた情報に基づいて決まってしまう。しかし、相手について入手できる事実や情報の絶対量が少ない場合、どうするのか？　実は第一印象にも推論のプロセスが関わっているのである。一種の連想ゲームである。相手にとりあえず「親切な人」という印象を持ったとする。次に私たちは一般に「親切な人」が同時に持ち合わせているだろう様々な特徴を思い浮かべて、目の前の相手も同じ特徴を共有していると推論するのである。「親切」→「優しい」→「真面目」→「信頼できる」と言った具合に次々に連想していき、網の目のようにイメージを膨らませていくのだ。**この連想のパターンが個人個人で違うことは言うまでもない**。そして、この連鎖反応が広がれば広がるほど、間違った印象ができあがってしまう可能性が高い。

その昔、アメリカのM．I．T．（マサチューセッツ工科大学）で行

同じことが人間関係にも起きるのである。
→「後光(halo)が射す」とはまさにこのことである。

この連想のパターンが個人個人で違うことは言うまでもない。
→このような個人的な基準による性格要素の関連づけのパターンを「沈黙の性格観(implicit theory of personality)」と呼ぶ。

われた**ある興味深い実験を紹介しよう**。経済学の授業の初日に、その担当教授について半数の学生は「彼をよく知るものは彼のことを心の温かい、勤勉で、批判的、現実的、そして意志の強い人間だと評価している」と書かれたメモを受け取り、残りの半数の学生は「彼をよく知るものは彼のことを心の冷たい、勤勉で、批判的、現実的、そして意志の強い人間だと評価している」と書いたメモを受け取った。その日の授業が終わった後、その教授の印象を学生に尋ねたところ、「心の温かい」バージョンのメモを読んでいたグループは、その教授について「社交的、人気がある、そして気がおけない」といった印象を持ったが、「心の冷たい」バージョンを読んだグループは「堅苦しく、自己中心的」な人だという印象を持ったという。社会心理学者のアッシュが行った有名なこの実験で、唯一違っていた部分は「心が温かい／心が冷たい」の一カ所だけである。これを仮に「礼儀正しい／無礼な」に変えてみても、印象そのものは余り変わらなかったということが報告されている。この結果の意味するところは、私たちが印象を決める際には、相手についてどこかポイントとなる特徴に注目し、それを中

ある興味深い実験を紹介しよう。
→有名な「アッシュの実験」といわれるもの。
Asch, S. E. (1946). Forming impression of personality. *Journal of Abnormal Social Psychology*, 41, 258-290.

心にして印象を築いていくということだ。そして、相手の人柄について「温かい人か冷たい人か」にまず選択的に注目する傾向があるということをこの実験結果は示している。逆に考えれば、中心となるポイントさえ押さえておけば、相手が自分に対して持つ印象を、ある程度コントロールできるということだ。自分で初対面の人間のまずどこに注目するかを考えてみよう。相手も自分の同じところを見ていると考えてまず間違いはない。もうひとつ注意すべきことを付け加えるとすれば、私たちは相手の長所ではなく、短所についつい目がいくということだ。「彼にもう少し粘りがあれば、営業マンとして大成するのだが・・・」、こんなコメントを聞くこともよくある。就職面接でも、たった一度のミスが致命的になることもある。極端な場合、相手にたくさん良いところがあっても、自分がどうしても許容できない欠点がたった一つ見つかっただけで、相手の人格や能力全てを否定してしまうことだってあるのだ。これを「玉にキズの法則」とでも呼ぼう。だからことさら自分の長所を売り込むことにエネルギーを使うよりは、短所を相手に悟られないようにすることが、よい印象を持たれるためには重要なのだ。

こうしてみると、正しいものであっても、間違ったものであっても、ひとたび第一印象が決まってしまうともうどうしようもないという感じがするかもしれないが、安心してほしい。性格や人間性など容易に変えられないと思われる部分については第一印象が後々まで尾を引く傾向があるが、第一印象に頼らざるを得ないのは人間関係の初期の段階だけで、その他の特徴については、相手についての情報量が増えるにつれ、**第一印象の影響は弱まってくる。**長い間つき合っていれば、そのうちに常に最新情報でお互いの印象を更新していくというパターンへと自然に移行するものだ。コミュニケーションするうえで大切なことは、お互いが持っている相手の印象の妥当性を確認し、必要であれば第一印象にとらわれず、柔軟な姿勢で対応することなのだ。

私のあなた、あなたの私

私たちが誰かとコミュニケーションする時、目の前に相手がいさえすれば、相手と直接コミュニケーション出来ると考えがちである。し

第一印象の影響は弱まってくる
→最新の情報によって相手の印象が更新されることを印象の「新近効果(recency effect)」という。

かしこれは必ずしも正しくない。相手のことも、自分のことも、やはり私たちの五感を通して知るしかない。認知のプロセスが複雑に関係しているのだ。物理的には相手と自分のふたりしかその場に存在していない。しかし、イメージのレベルでは少なくとも8人の違った人間がそこにいて、コミュニケーションに参加していると考えられるのだ。具体例で説明しよう。

太郎と花子がお見合をした。まず太郎と花子それぞれの「本当の自分のイメージ」が当然あるわけだ。ただし、この「本当の自分のイメージ」は、第4章でも述べたように、自分を100％客観視できない以上、正確には把握できないものである。またお見合の席に限らず、初対面の人間や、よく知らない相手だと、自分が思っている「本当の自分のイメージ」をさらけ出して良いものか、やはり躊躇するだろう。そこで、次のレベルに移行する。これが太郎と花子がそれぞれ自分をどう見ているか、どう評価しているか、またどう相手に見てもらいたいかについての自己認識のレベルである。つまり太郎と花子の「セルフ・コンセプト」と「セルフ・エスティーム」のことである。お互いが相手に気に入られたいと思えば、それなりに自分が自分について持っているイメージの中でも好ましい部分を相手に伝えようと努力するだろう。三つ目のレベルは太郎と花子がお互いについて持つ認識、つまり「相手の印象」である。お互いを観察したり、またバーバル、ノンバーバル・コミュニケーションを通して、太郎と花子はお互いについての印象を築いていき、同時に相手に対して持ったイメージに基づいて会話を進めていくことになるだろう。太郎が花子について「キャリア志向の人」という印象を持てば、仕事をやめて家庭に入るとか親と同居するとかの話題は出しにくくなるだろう。同時に花子が太郎について「家庭的な女性を求めている男性」という印象を持てば、お互い歩み寄る意思がないかぎり、その後の会話はこのお見合話を終結させる方向で進むだろう。最後に、太郎と花子が、それぞれ相手が自分についてどんなイメージや印象を持ったかについて認識する、というレベルに到達する。つまり、相手が自分のことをどう思っているかを認識しようとするのだ。「自分のことを気に入ってくれたか」、「自分についてどんな印象を持ったのか」、「この関係は次のステップに続いていくか」などをこのレベルで判断するわけだ。それと同時に、私たちはこの第4のレベルで「相手が自分に対して持ったイメージ」について自分が認識した内容と、第1、第2のレベルの自己認識を比較して大きなズレがないかどうかを確認しようとする。この時に第三者の意見を求めることもしばしばである。このように認知のレベルで考えれば、ふたりの人間がコミュニケーションする時、実は上で述べた8つのイメージが交錯し、ふたりの間のコミュニケーションに大きな影響力を及ぼしているわけだ。相手がたったひとりでもこの通りである。グループや家族のように複数の人が同時にコミュニケーションする場合には、何十ものイメージが飛び交うことになる。インターパーソナル・コミュニケーションは実に複雑なことなのだ。

聞くことと聴くこと

耳で「聞く」こともやはり聴覚を通して受け取った刺激や情報を脳の中で処理し、その意味を解釈するという認知のプロセスなのだ。「読む」、「書く」、「話す」、「聞く」といった日常のコミュニケーション行

動のうちでは、私たちは「聞いている時間」が**もっとも長いと言われている。**でも私たちは注意して聞くという態度をいつも取っているわけではない。「ちゃんと言ったじゃないか」、「いや、そんなことは聞いていない」といった押し問答も、いかに私たちが聞いたつもりになっているだけのことが多いかを示している。また何よりも聞き上手の人の方が、話し上手の人よりも好感を持たれたりもするし、自分が一生懸命話していることを相手が聞いてくれていないとわかった瞬間に、相手に対する信頼感が消滅するといったことは誰もが経験したことがあるのではないだろうか。こうした例も、いかに私たちが人の話を正確に聞くことを重視しているかを表すものである。

「聞く」という漢字と「聴く」という漢字を比べてほしい。どちらにも「耳」が共通な要素として含まれている。しかし、「聴く」の方には「目」と「心」も入っている。耳で聞くだけでは不十分で、「目」や「心」もみんなフルに使って一生懸命聴くのが本当であるということなのだろう。「傾聴」、「静聴」、「聴衆」、「試聴」など、注意深く、気を入れて耳から情報を受け取ろうとする際には殆どの場合に「聴」の漢字

・・・もっとも長いと言われている。
→Barker, L. R. et al. (1981). An investigation of proportional time spent in various communication activities by college students. *Journal of Applied Communication Research*, 8, 101-109.

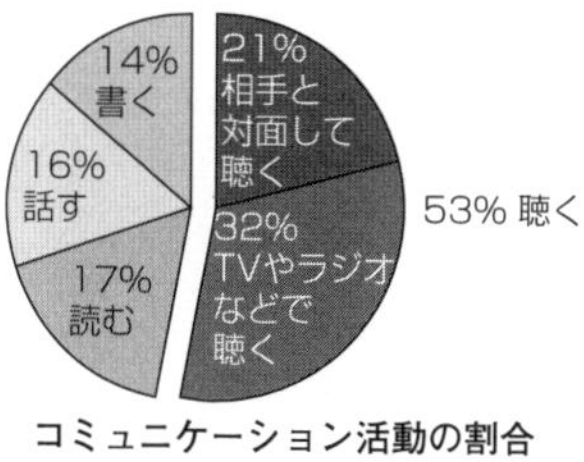

コミュニケーション活動の割合
（Barker et. al., 1981）

が組み合わされている。英語でも、“hearing（聞く）”と“listening（聴く）”ははっきりと区別されている。私たちも相手の話を「聴いている」つもりが実は単に「聞いている」だけになっていないかを常にチェックすることが必要だ。

「聞く」ということは単に「聴く」ことの最初のステップにすぎないのである。外界から音を鼓膜の振動として受け取り、それを神経系から脳に伝える電気信号に変えるプロセスのことである。相手の言っていることがよく聞き取れないと言った場合には、周囲の騒音がうるさい、音や声自体が小さい、人間の聴覚の限界、難聴等外部的、物理的、身体的な要因が影響している。そのような障害要因を取り除けば、問題は解決する。

「聞く」ことは単に物理的、生理学的なプロセスだが、「聴く」ことは認知的、心理的プロセスなのだ。そして他の認知のプロセス同様、まず「選択的注目」が行われる。この時、私たちの欲求や願望、関心などが相手の言っている内容のどこに注目するか、つまり「聴きどころ」を決定づけるのだ。そしてさらに理解の段階へと進み、「選択的解釈」が行われ、最後に聴いて、理解したことのうち何を記憶に留めておくかを決めるのである。一つ大きく違うのは、聴覚に訴えるコミュニケーションは、相手が何らかの意図をもって行うことが多いにもかかわらず、「あとでもう一度確認」ができないことだ。注意書きでもなんでも、書かれたものや印刷物になっていれば、見落としたり、理解できなかったら後で何度でも読み返すことができなくはない。でも音や声は録音でもしない限り**すぐに消えてしまう**。その場で聞き逃したことをあとで確認することは非常に難しい。「聞いた」つもりで、実は「聴いていなかった」りするともう後の祭りである。だからこそ与えられたチャンスを十分に活用し、最後までしっかり聴いて、理解する姿勢が大切なのだ。

悪い聴き方、よい聴き方

生まれつき「聴き上手」の人はいない。逆に言えば、誰でも努力すれば単なる「聞き上手」から「聴き上手」に変身することが可能なのだ。そのためにどうすればよいか考えてみよう。

・・・**すぐに消えてしまう**。
↓短期記憶(short-term memory)。

まず知っておくべきことは、聴き方は一種類ではないということだ。私たちは楽しむために聴く。好きな音楽を聴く、落語やトークショーなどもどちらかと言えば娯楽の要素が強い。電話で友達と、たわいもないおしゃべりをするのも楽しいもので、時間すら忘れてしまうことだってあるくらいだ。このタイプの聴き方は、相手の話や音楽を聴くことそのものが目的であって、そこから何かを学んだり、情報を得たりすることは本来の目的ではない。

ふたつ目は区別のための聴き方だ。この場合、重要なポイントの理解と記憶をはっきりとした目的としている。大学の講義、上司からの指示、重要事項の説明等については重要なポイントとそうでないものとをはっきり区別して聴く態度が求められる。特に非常時や試験前などにはこのタイプの聴き方がきちんと出来るかどうかが、文字どおり生死のわかれ目なのだ。

三つ目は批評・評価のための聴き方だ。私たちは相手が本当のことを言っているかどうかをまず疑ってかかる。そして相手の話の真偽を確かめるために聴く。選挙演説、セールス・トーク、宣伝、裁判での証言等についてはこのタイプの聴き方をきちんとしないとあとで自分が困ることにもなりかねない。

最後に、共感のための聴き方というのがある。これがインターパーソナル・コミュニケーションではもっとも重要な聴き方だとされている。本当の意味で聴き上手の人はこれまで説明した三つの聴き方を適切に使い分けられるばかりでなく、この共感のための聴き方が上手に出来る人なのである。「共感（empathy）」とは「相手の感情を相手の感じるままに理解する」ことだ。単に頭で理解しようとするのではなく、相手の気持ちを自分の体験としてわかち合い、心でわかろうとする態度のことだ。相手に「情けをかける」、「哀れみを感じる」、「かわいそうに思う」場合、自分が第三者的立場にあり、時には優越感さえ感じつつ対応するわけで、「共感」とは根本的に違う。共感のための聴き方の基本は、まず相手の話を相手の視点から、自分の主観的判断や評価を交えずに十分理解することだ。ここでひとつ問題を出してみよう。

慎二は仕事で大きなミスをしてしまい、上司に怒鳴られてしまった。その直後、つらい気持ちに耐えかねて、親友に電話をした。そして、開口一番、次のように言った。

「俺のミスのせいで会社に迷惑をかけてしまったんだ。部長もかんかんに怒ってるし、どうしたらいいんだ？」

共感のための聴き方として、次の受け答えのうちどれがもっとも適切なものだろうか？

a 「男のくせにだらしねえな。そんなこと気にするなよ。仕事のミスなんてどうにでもなるよ。それより俺の話を聞いてくれ」

b 「お前が悪いのならとにかくひたすら謝って、その部長に機嫌を直してもらわないといけないと思うな」

c 「そうか。俺にも経験あるけど、そんなときって何もする気になれなくってさ。俺でよければいつでも電話してこいよ」

もうおわかりだろう。共感を最大限に発揮するためには相手が今置かれている状況に自分も仮に身を置いて、相手の感情を共有しようと努める。そして問題そのものについても、また当事者についても、分析したり価値判断や評価を下したりしないことが大切なのだ。こういうケースで偉そうにアドバイスをし始める人が多いが、相手にとっては、余計なお世話だ。**ただ話を親身になって聴いてくれる人**を必要としているのだから。相手が具体的なアドバイスを求めているのか、逆にただ耳を貸して欲しいのか、そのあたりを的確に判断できることも「聴き上手」のポイントであろう。

本当の聴き上手になるにはこの四つの聴き方をコミュニケーションの状況や目的、そして相手に合わせてうまく使い分けられるようになるほかに、聴き役として悪い癖を出さないことが必要だ。そのような悪い癖をいくつか具体的に挙げてみよう。

「聴いていないのに、聴いているふり」をする人は非常に多い。中には「聴いているふり」をするのがとてもうまい役者みたいな連中がいて、彼らは話し手の方に顔を向けて視線を合わせたり、うなずいたりもするのだ。ところが人の話は右の耳から左の耳へと素通りで、全く違うことを考えていたりするのだから始末が悪い。大学でも大教室での講義中にこういう学生をちらほら見かけることがある。一種の「イ

ただ話を親身になって聴いてくれる人
↓英語ではこのような役割の人をsounding board（共鳴板）と呼ぶ。

カサマ師」である。また、「人の話は聴かずにワンマンショー」を始める人も少なくない。自分の言いたいことを矢継ぎ早にまくしたてるだけで、人の言うことには殆ど耳を貸さない、自己顕示欲の固まりのような人である。上司にはしたくないタイプの上位にランクされるのはまず間違いない。

「いいとこ取り」の聴き方もよくない。趣味でも、人の噂でも何でもよいのだが、自分に関心のある話題、おもしろいと思う箇所だけに注目し、他の部分を全て無視してしまうのだ。「選択的注目」が極端な人である。それまでうわの空で講義を聞いていた学生が「定期試験に出すよ」と言った途端、せっせとノートを取り始めるなんていうのはまさにこれである。

また逆に自分が聴きたくないことについては「聴かザル」を決め込む人もいる。「一を聴いて十どころが二十も三十も知る」人もいる。「選択的解釈」のプロセスを駆使して、相手の話しの内容から言外の意味を推論し、自分の勝手な解釈を次々につけ加えていってしまう人である。こういう人が町内の「拡声器」だったりすると大変なことになる。

また逆に、聴いた内容を文字どおりにしか受け取ることをしない、「察しの悪すぎる」人も聴き役としては失格だ。

「認知の一貫性に固執しすぎる」のも問題である。この悪癖のある人は何かについて自分がすでに知っていること、信じて疑わないことと矛盾する内容の話を聴いた時に、無理に解釈を曲げてしまう傾向がある。自分の信じていることは絶対に正しいと思いこんで、他人の忠告に耳を貸さずに結果的に失敗するケースは多いものだ。

何かにつけ聴いたことに「過敏に反応する」人も困り者だ。何気ない一言を個人攻撃と受け取り、極端な自己防衛反応をする人も世の中にはたくさんいる。このような人は相手の話を聴く前から、反論や自分の主張をあらかじめ考えて頭の中でリハーサルまでしていることもあり、相手の話を聴く余裕がない、そして「ああ言えば、こう言う」。考えただけでうんざりしてしまう。

最後は、「あら探し」である。相手の話を注意深く聴くのだが、その理由は自分の利益のため、揚げ足取り、あるいは相手を陥れるためである。「批評・評価のための聴き方」を悪用するとこうなる。こういうことをする輩とは関わりたくないものだ。

もしも自分にもこのような悪い癖があるのなら、なんとか直すよう努力してみよう。そうすることで初めて「聞くこと」と「聴くこと」の違いがわかるようになる。そして、本当の意味での「聴き上手」になれるのである。

隣りの芝生はなぜ青い

最後に見ること、聴くこと、知ること、感じること、全てを含めた認知のプロセスについて基本原則をまとめておこう。

原則1　私たちは外の世界をいつも認識している。

外の世界、つまり現実の世界は時々刻々変化している。そして、私たちは朝起きてから、夜寝るまで、外界からの刺激や情報を常に五つの感覚器官を通して受け取っている。但し、私たちはどの刺激や情報を受け取るか、様々なフィルターによってあらかじめ選別している。さらに受け取った後も様々な選択的認知のプロセスが働いている。最

原則1
→"We perceive the world all the time."

終的に残ったほんのわずかなものが私たちの知り得る外の世界なのだ。これは対象が事物でも人間でも同じである。

原則2　私たちは外の世界をひとりひとり違った形で認識している。全ての人間が皆同じ現実を見ていると考えるのも危険である。同じ映画を見てとても感動する人がいる一方で、まったく面白くも何ともないと思う人もいる。その人の価値観や評価基準、性格、過去の体験その他が、私たちの認知のプロセスに大きく影響するのだ。百人の人間がいれば、外の世界が百通りに見えたとしても不思議ではない。

原則3　私たちには現実に存在しないものを認識することがある。認知のプロセスがある意味でイメージの連想ゲームだと言ったことを思い出して欲しい。私たちの想像するイメージが広がれば広がるほど、現実に存在しない対象や特徴があたかもそこにあるように思われてしまう。例えば離れた点が三つあれば、私たちはそれを線で結んで三角形をイメージしてしまう。同様の現象が物や出来事の認識、人の印象でも起きるのである。

原則2
→"We all perceive the world differently."

原則3
→"We often see things that do not exist."

原則4　私たちは現実にあるものを認識しないことがある。「ハロー効果」で隠されてしまう場合もあれば、私たちの認知のプロセスが選択的であるために、認知されないままになってしまう事物やその特徴もあるのだ。要するに、私たちが外の世界を全て把握していると思ったら大間違いである。

原則5　私たちは自分が見たいもの、聴きたいこと、あるいは見るだろう、聴くだろうと期待するものを結局認識する。

認知のプロセスは客観的だとは決して言えない。ある物や人間が特定の見え方をするのも、私たちがそのように見たいと思っているからである。自分の期待や願望を認識する対象に投影してしまう。それが人間の性であり、それによって一喜一憂するのもまた人間らしいということができる。隣の芝生は本当に青いのではなく、私たちがそう見ようとするからそう見えるだけである。「あばたもえくぼ」で幸せ一杯のひともいるし、認知のプロセスも見方によっては人の役に立っているのかもしれない。

原則4
→"We often do not see things that do exist."

原則5
→"We see what we want to see."

第6章
自分をみせること
セルフ・ディスクロージャー

「親父、実は今まで黙っていたんだけど、俺、ミュージシャンになろうと思ってるんだ。半年前に大学はやめて今アルバイトしながら仲間とバンドやっている」東京でひとり暮らしをしながら大学で勉学に励んでいると信じていた息子から、突然こんなことを打ち明けられた時の父親の狼狽ぶりは察してあまりあるものがある。息子のほうだってずいぶんと悩んだだろう。でもやはり父親には話さなければと、決心した上の報告であったに違いない。こんなことを言えば、父親は激怒するだろう。母親は泣き出すかもしれない。最悪の場合、親子の縁を切られたって文句は言えない。なぜ、そこまでして真実を打ち明ける必要があるのだろうか?

秘密だけではない。自分の本当の気持ちや考えを含め、私たちは自分の本当の姿（リアル・セルフ）を人に見られまいとする。人に会うとき服装に気をつける、女性なら髪やメークにも気を使う。化粧を落としたいわゆる「すっぴん」の顔で絶対に人前には出ないという女優や歌手も少なくない。まわりの人や特にファンの持つ自分のイメージ、つまり印象を壊したくないというのがその理由であることは容易に想像できる。私たちも人から見て好ましいと思われる自分のイメージを作ろうと努力する。その結果、本当の自分の姿が、自分でもわからなくなってしまう。そしてますます自分をさらけ出すことが恐くなるという悪循環に陥ってしまうのだ。でも、本当の自分を見せることなく、誰かと意味ある人間関係を築くことができるだろうか?

人間関係が希薄になりつつある現代社会において、自分の本当の姿を正確に認識し、それを自分にとって大切な人間(シグニフィカント・アザー)に正確に伝え、理解してもらうことがますます重要になってきているのではないだろうか。

オタク

パソコンやアニメのファンは「**オタク**」と呼ばれている。社会性がない、「暗い」などの印象を持たれているが、「オタク」達は一向に気にしているふうはなく、ますます増殖しているようだ。彼らはなぜオタクと呼ばれるのか? お互いを呼び合うときに「オタク」という人称代名詞を使うからである。漢字なら「お宅」となる。「オタクのご主人」というのならまだよいが、「オタク」だけだと住宅のことである。

オタク
↓岡田斗司夫著「オタク学入門」(太田出版刊、1996)

「キミ」でも「オマエ」でも「アナタ」でもない。極めて無機質的な呼びかけ方である。無論、「―さん」、「―君」というお互いのアイデンティティーを直接表すような呼び方は一切しない。彼らにとっては、相手がどこの何者であるかについては殆ど関心がないようである。同じ趣味を共有していることで間接的に結びついているだけなのだ。オタク達の会話を聞いてみると、丁寧語を使っている。とても礼儀正しい人たちなのだが、どこか不自然でおかしい。だが彼らにとっては、それが普通であって特に不都合はないようである。

オタクに限らず、お互い相手のプライベートな領域には踏み込まないことが最近の若者の間でのコミュニケーションのルールになっているようだ。今では、携帯電話を使ってのメールのやりとりが盛んに行われている。電話にメール機能がなぜ必要なのかと考えてしまうが、若者はこのふたつのコミュニケーション手段を使い分けているようだ。電話だとついつい長話をしてしまうし、相手の都合も考えなければならない。また、せっかく相手の携帯に電話しても、「この電話は電波の届かない所にあるか、電源が入っていないのでかかりません」というメッセージを聞くのは、ちょっぴり寂しいということもあるのかもしれない。そんな時にメールを送っておけば、相手の都合の良い時に読んでもらえるという便利さがあるし、返信メールが入れば、それもまたうれしい。一方、携帯では、メールの作成には結構手間がかかる、またリアルタイムのコミュニケーションではない。だから、腹を割った話は携帯メールでは面倒だし、そもそも無理なので、「おはよう。元気?」、「昨日は楽しかった。ありがとう」、「待ち合わせはいつもの駅前の本屋で、7時」、といったごく単純なメッセージのやりとりが主になる。若者のコミュニケーションのニーズからみれば、相手が自分について根ほり葉ほり聞いてきたり、自分について詳しく伝える必要もないし、いやな相手からのメールは読まずにその場で消去できるからかえって便利である。また、名刺代わりに携帯の番号を交換することが、若者の間ではごく普通に行われている。質より量というわけではないが、自分の携帯のメモリーに何人の電話番号が記憶されているかが、最大の関心事である。実際にその中で電話をする親しい友人はごく少数であっても、自分の携帯のメモリーには何十人もの電話番号が入っていることが、自分と多くの他人とがな

コラム
プリクラブーム
→ゲームセンターなどにおいてあるインスタント写真撮影装置「プリント倶楽部」は、一九九四年に誕生、爆発的なブームとなった。アニメのキャラクターやタレントなど自分の好きな背景(フレーム)を選び、撮影すると18~24分割の小さな写真シールがでてくる。そのシールを交換し、手帳や専用アルバム

んとなくつながっているという安心感をもたらすのだろう。これは、かつて流行したプリクラのシール交換と同じ感覚なのだと思う。

一方、パソコン通信などの**チャット**や**電子会議室**でも、不特定多数の人間が参加して白熱した議論やコミュニケーションが、夜を徹して延々と続けられている。そこを覗いてみるとわかるが、実名で参加している人はまずいない。全員が**ハンドルネーム**で言いたいことを言っている。中には特定個人に対する中傷、誹謗その他の不穏当な発言があり、一部マスコミでも問題になっている。この人たちは匿名でないと自分の本音が語れないのか、自分のアイデンティティーさえわからなければ何を言ってもいいのか、そんな印象を持つばかりである。

セルフ・ディスクロージャーって何?

セルフ・ディスクロージャー（self-disclosure）は「自己開示」と日本語に訳されている。簡単に言えば、普段は他人に見せていない本当の自分の姿、また他人が容易に知り得ない自分についての情報をあえ

に貼って、何人とプリクラ交換したかを自慢し合うのである。一回三百円前後で手頃だが、プリクラでひと月の小遣いが無くなってしまう中高生も少なくなかったという。

チャット
↓文字によるリアルタイムの他愛もないお喋りや雑談。たまたま同じ時間にチャットのコーナーに接続してきた人がパソコン画面上で自由に会話する。

電子会議室
↓ネットワーク上で運営される意見交換の場。共通のテーマに関心がある人が参加し、意見を文章で書き込む。

ハンドルネーム
↓電子会議室やチャットなどで使うニックネーム。

て相手に見せたり、伝えたりすることである。一目でわかること、容易に察しがつくこと、例えば自分が日本人であること、学生であること、背が高いことなどはセルフ・ディスクロージャーの対象にはならない。一方、自分の将来の夢、人生観、問題意識や価値観などは、自分から話題にしない限り、相手にはわからないことである。秘密や胸に秘めた気持ちを打ち明けたりすることも、もちろん含まれる。

人間関係を語る時にはその「広さ」と「深さ」を問題にする。「広く、浅く」つき合いたいと考える人もいれば、少数の人と「深い」人間関係を築こうとする人もいる。それぞれに理由があるのだろう。しかし、人間関係を深めるためには、セルフ・ディスクロージャーはどうしても必要なステップなのだ。インターパーソナル・コミュニケーションは、いくつかの段階を経て、徐々に深まっていく。**パウエル**によれば、まず、挨拶や天気やその他の何気ない話題について会話を交わす段階があり、つぎには自分と相手とは直接関係のない共通の友達や、関心事、他人のゴシップ話、雑誌やテレビネタで盛り上がる段階、そして意見や考えを交換する段階、そしてお互いの感情や気持ちを共有する段階へとスムーズに移行するのが理

パウエル
→Powell, John S. J. (1969). *Why am I afraid to tell you who I am?* Niles. IL: Argue Communications.
インターパーソナル・コミュニケーションは次の4段階で深化していくという。
レベルI:Phatic Communication
レベルII:Gossiping about Others
レベルIII:Idea/Opinion Exchange
レベルIV:Emotion/Feeling Exchange

想的なのだ。普通、二段階目までは大体問題なく進む。実際、友達同士ではそういうコミュニケーション・パターンがよく見られる。しかし、この段階で止まってしまうことも決して少なくないのだ。

第三段階で交換される意見や考えは誰のものでもなく「自分の」意見であり、考えだ。つまり、セルフ・ディスクロージャーが必要になってくるので、とたんに後込みをしてしまうことになる。自分の言うことには責任を持たなければならない、相手に反論や非難をされるかもしれない。とにかく相手が自分の意見にどう反応するかがわからない以上、とてもそんなことは危なくてできないと思ってしまう。友達に「お前はそんなこと考えていたのか。見損なったよ」などと言われようものなら、どうしたらよいかわからなくなってしまうということなのだろう。さらに進んで、第四段階の「感情や気持ちの共有」になるともう恐ろしくてできない。自分の感情を否定されてしまったらもう生きていられないと思ってしまうだろう。それも理解できなくはない。このようにセルフ・ディスクロージャーには多大なリスクがついて回る。しかし、自分を見せずに、いつも仮面の奥に隠れていては真の人間関係が築けないことも**私たちは十分承知している。**

・・・私たちは十分承知している。

↓パウエルは究極のインターパーソナル・コミュニケーションとは、完全な相互共感性の実現を意味し、それはもっとも深いレベルで、十分なセルフ・ディスクロージャーがなされてはじめて到達できる段階(peak communication)だという。

インターパーソナル・コミュニケーションは「ハイリスク／ハイリターン」の投資のようなもので、リスクをあえておかすことなくして、実り多い、満たされた人間関係は得られないのだ。いつまでも表面的なつき合いだけで満足できる人はそう多くないはずだ。

セルフ・ディスクロージャーは恐い?

確かにセルフ・ディスクロージャーにはリスクが伴うが、適切なリスク管理さえできればそう問題はないはずである。ここでまた演習問題をやってみよう。次のトピックについてどういう人が相手であれば話をしてもよいか考えてみよう。

1　自分の趣味、余暇の過ごし方
2　音楽の好み
3　自分が気にしている癖
4　自分の容姿について自慢に思っていること
5　人生で一番幸せだった時のこと
6　自分の尊敬する人物

7　自分が過去に犯した過ちで、今でも後悔していること
8　夫婦関係のあり方

この中で殆ど誰にでも話せることであれば(L)、よく知っている友達ならば話せることには(M)、信頼できるごく親しい友人ならば話せることには(H)、口が裂けても誰にも言えないことには(X)と記号で答えて欲しい。

セルフ・ディスクロージャーには個人差があり、また**女性の方が男性に比べてセルフ・ディスクロージャーに対する抵抗が少ない**という研究結果も出ているので、一般化は難しいが、平均的な答としては、1・2は(L)、3・6・8は(M)、4・5は(H)、7は(X)といったところではないだろうか。もちろん、(L)が一番リスクが少なく、(X)が極度にリスクが高いものである。この結果を基に、セルフ・ディスクロージャーに伴うリスクとは具体的にどんなことなのかを見ていこう。

セルフ・ディスクロージャーは自分の内面を見せることである。これは、自分が相手に対して**無防備の状態**になることである。相手の批判や評価などを、全て自分自身で直接受けとめなければならない。相手の反応がある程度予知できるもの、そもそも相手が反論したりする

女性の方が男性に比べてセルフ・ディスクロージャーに対する抵抗が少ない
↓男性の場合とは異なり、女性は自らの感情や悩みをうち明け、共有することが社会的・文化的に容認されているというのも一因であろう。

無防備の状態
↓vulnerability

類でないものは基本的にリスクが低いものである（例えば1、2）。相手と見解が別れそうなトピック（例えば8）はもしかしたら相手と口論になって、お互いが不快な思いをするかもしれないというリスクを伴う。3、7は相手の自分に対する評価が変わる、相手に嫌われてしまうかもしれないといった人間関係の存続の危機みたいなものが頭をかすめてしまう。癖などはもし相手がいやがるようであれば努力して直すことも可能なので中程度のリスクだが、過去に犯した過ちはいまさら取り返しがつかない。それを話したことにより自分が拒絶されたらもう一巻の終わりである、だから極度のリスクが発生すると判断するわけだ。興味深いのは4と5のケースで、これは自分について肯定的な情報である。自分では自慢に思っていること、うれしかった体験がどうしてハイリスクのトピックなのだろうか？　ここで日本人の国民性というか、日本文化特有の特性を考慮しなければならない。日本人は頭ひとつでもまわりから突出するのを嫌う。みんな一緒であることが最大の安心感をもたらしてくれる一方で、「出る杭は打たれる」という苦い経験もしているのである。いくら自分にとってよいことであっても、それを話したばっかりにまわりの人から嫉妬されたり、ねたみを買ってはまずいことを知っているのだ。グループから仲間はずれにされるリスク、「何よ。自慢ばっかりして」と嫌われる**リスクをやはり避けようとするのである。**アメリカ人などは、こんな余計な心配をする必要がないので、自分についてよいことであれば、進んでまわりの人に話して、その部分を評価してもらおうとする。

具体的にどのようなリスクが問題になるかをきちんと理解しておけば、**リスク管理**もずっとしやすくなる。セルフ・ディスクロージャーはルールさえきちんと守れば、必要以上のリスクを心配せずに済むものだ。

ルール1　セルフ・ディスクロージャーはお互いが相手に対して行うこと。

一方的なセルフ・ディスクロージャーではいけないということだ。自分はがんばって自分の内面を見せているのに、相手がそれに応えて同じようにセルフ・ディスクロージャーをしてくれない。そのような場合にどう感じるだろうか？　空しさを感じるくらいであればまだましであるが、相手が自分に対して真剣な姿勢を見せてくれないことに強い不満を

・・・リスクをやはり避けようとするのである。
→人間関係における最大のリスクは、相手から「拒絶」されるリスク(Fear of rejection.)であることは間違いない。

リスク管理
→リスク管理（risk management）が適切にできればセルフディスクロージャーへの抵抗が弱まる。

感じるのが普通であろう。まず自分のセルフ・ディスクロージャーをしっかり受けとめてくれ、さらに同様のセルフ・ディスクロージャーで応えてくれる相手であるかどうかを見極めることだ。

ルール2　どの程度まで自分の内面を相手に見せてよいかを的確に判断すること。

どんなに親しい友人であってもセルフ・ディスクロージャーには限度というものがある。相手はある程度受け入れる心の準備をしているだろう。しかし、その許容範囲や能力を越えた「深く、重い」トピックについて、長時間セルフ・ディスクロージャーをすることは決してよい結果を生まない。セルフ・ディスクロージャーは相手の反応を見ながら、徐々に深いレベルに移行するのが好ましい。自分や相手が不快に感じたり、これ以上は無理と判断した時点でやめること。

ルール3　セルフ・ディスクロージャーのタイミングを誤らないこと。

セルフ・ディスクロージャーのタイミングを誤ると、取り返しがつかないことにもなりかねない。相手がまったく心の準備ができていないの

・・・**的確に判断すること。**
→適切なセルフ・ディスクロージャーを行うことが肝心(appropriateness of self-disclosure)。

に、やみくもにセルフ・ディスクロージャーをしてはならない。また、相手に時間的な余裕がないときに無理をするのも、リスクを不必要に高くする行為だ。世の中には「泣き上戸」、「笑い上戸」などいろいろなタイプの酒飲みがいる。酒の席で自分の不幸な身の上話をし始める「セルフ・ディスクロージャー上戸」に捕まってしまい、さんざんな目に遭ったことがある人も少なくないはずだ。ほかのみんなが楽しくやっているときに、テーブルの、ある一角だけがいやに暗いのですぐわかる。「俺は今まで何のために生きてきたのだろう」などと切り出されれば、ほうっておくわけにもいかないが、はなはだ迷惑である。

ルール4　セルフ・ディスクロージャーの内容を第三者に漏らさないこと。

要するに「**守秘義務**」が大切だということだ。企業などが業務提携する場合でも、特許などの知的所有権が絡む時には、必ず契約書に、事業を共同で行う中で知り得た企業機密等を第三者に漏らさないという、「守秘義務」についての条項を盛り込むのが慣例となっている。特許やその他の機密情報が外部に漏れれば、その企業にとっては死活問題だか

守秘義務
→confidentiality

らだ。セルフ・ディスクロージャーでも同じことだ。それまで自分以外の人間は知らなかった情報が公開される、秘密がうち明けられるわけだから、それを第三者が知ることで、自分が不利益を被るというリスクはなんとしても避けたい。自分がセルフ・ディスクロージャーのパートナーとなる場合には、絶対に第三者に漏らさない、という約束ができるかどうかを考えた上でその場に臨む覚悟が必要だ。

ルール5　セルフ・ディスクロージャーのパートナーは選ぶこと。

相手を選ばずセルフ・ディスクロージャーをすることほどリスクの高いことはない。「絶対に誰にも内緒だからね」と念を押して、友達に秘密をうち明けたところが、一晩明けたら、クラス中で噂になっていたという苦い経験を持っている人もいるはずだ。また、なぜか合宿や旅行などへ友達と出かけると、夜「暴露大会」などと称して、安易なセルフ・ディスクロージャーが盛大に行われることがある。みんながやるからその場の成りゆきでつい自分も参加してしまうが、翌朝、自己嫌悪にさいなまれるのが関の山だ。こういうケースでは、単に興味本位で皆聞いているから、自分にとってのメリットは全くない。

上の全てのルールに共通するが、本当に信頼できる人、そしてお互いに真剣に人間関係を深めたいと思っている相手（シグニフィカント・アザー）にのみ、セルフ・ディスクロージャーを行うことが肝要だ。**この基本さえ押さえておけば**、セルフ・ディスクロージャーのリスクは十分に管理することができる。

意図的にセルフ・ディスクロージャーを行うことによって、人の心を操作しようとする人間がいることにも注意を喚起しておきたい。「実は会社が倒産して、失業してしまった。ローンの返済期日も迫っているし、もうこうなったら一家心中しかないと思っている」こんな話しをされたら、あなたにはどのような対応が可能か、考えてみてほしい。「ここで冷淡な対応をすれば、取り返しのつかないことにもなりかねない。何とか手を貸してあげなければいけない」と思うだろう。これ以外に適切な対応は考えられない。このようにセルフ・ディスクロージャーは相手の反応をコントロールし、受け答えの選択肢を狭めるという効果がある。この特徴を悪用して、自分の要求を相手に受け

この基本さえ押さえておけば・・・
↓相互信頼(mutual trust)が絶対必要条件。

入れさせるために、セルフ・ディスクロージャーを巧みに利用する人間がいる。「自分は不治の病で後2年の命だ。残り少ない人生を君と暮らしたい」と懇願されて結婚したが、夫は10年たった今でもピンピンしていると話す女性がいた。この場合は、医者の誤診で本当に彼はあと2年の命だと信じていたらしいし、今ふたりは幸せな生活をしているからよいが、くれぐれも気をつけてほしい。

心の窓

一度でいいから、心の窓を覗いてみたいと思ったことが誰しもあるだろう。その奥に何があるのか、またその中がどんな風に見えるのか、興味は尽きない。それは透明なガラス窓だったり、曇りガラスであったり、またブラインドやカーテンが閉まっていて、中が全く見えないというケースだってあるだろう。私たちの心の窓がどんなふうになっているかを、とてもわかりやすく示してくれるもの、それが「ジョハリの窓」だ。これは心理学者の**ジョー・ラフトとハリー・インガム**が考え出したモデルで、ふたりの名前をとって「ジョハリの窓」と呼ばれている。下

ジョー・ラフトとハリー・インガム
↓ジョー・ラフト（Joe Luft）とハリー・インガム（Harry Ingham）

図に示すように、私たちの心の窓は桟で4つの部分に区切られている。それぞれその中の情報について自分が知っているかどうか、また他人が知っているかどうかで「開かれた領域」、「閉ざされた領域」、「目隠しされた領域」、そして「未知の領域」と定義される。

「開かれた領域」はカーテンもなく、外に向かって開放されている。だから、誰でも中を覗くことができるのである。その奥には自分も知っているし、またまわりの人のほとんどが知っている自分についての情報が含まれている。「自分はOLである」、「自分は眼鏡をかけている」、「自分は人当たりがよい」などは、特に意識的にセルフ・ディスクロージャーをしなくても、相手に自然とわかる自分についての特徴や情報、また自分が見せたいと思う**セルフ・コンセプトの部分である**。一方、まわりの人はここから中を覗いてみて、私たちの印象を築こうとするのだ。逆に、「閉ざされた領域」には、自分は知っているが、まわりの人は知らない情報が置かれている。ここにはぶ厚い**カーテンがかかっていると考えればよいだろう**。このカーテンを開けて内部を外から見られるようにすることが、セルフ・ディスクロージャーである。三番目の「目

	自分は知っている	自分は知らない
他人に知られている	1 OPEN 開かれた領域	3 BLIND 目隠しされた領域
他人に知られていない	2 HIDDEN 閉ざされた領域	4 UNKNOWN 未知の領域

ジョハリの窓（Luft & Ingham, 1969）

・・・**セルフ・コンセプトの部分である。**
→これを「公的自己(public self)」とも言う。

・・・**カーテンがかかっていると考えればよいだろう。**
→これを「私的自己(private self)」とも言う。

隠された領域」には自分では見えていないにもかかわらず、まわりの人はすっかりお見通しであるようなこと、例えば自分では気がつかない癖や他人の見ている自分の姿がここに存在する。相手が自分に対して持った印象なども、目隠しをとって相手から見せてもらわなければ、自分にはわからないものだ。最後の、「未知の領域」は自分にも、まわりの人にもまだ知られていない自分についての事実である。何かのきっかけがあってはじめて「未知の領域」にどんなことが隠されていたかを知ることになる。例えば、就職で広報を希望していたのに辞令を受け取ったら経理課配属だった。「なんで、私がよりによって経理課なの？」とわが目を疑い、家族や友人からも「会社も一体どこを見ているのかな」と言われた。しかしいざやってみると電卓のブラインド・タッチを瞬く間にマスターするなど、この仕事が性に合っていることに気づき、上司からも認められ、一躍経理課の期待の星となった。こんな時、「未知の領域」にあった自分の潜在能力がようやく日の目を見たといえるわけだ。同様に、子どもができてはじめて父性や母性に目覚め、自分が本当は子ども好きだったと気がつく人だっているのだ。自分について自分自身もまわりの人も知らない「未知の領域」に隠されている情報を、文字どおり「発見」することが本当の自分の姿（リアル・セルフ）を見極めるために必要なのだ。そしてそのためのきっかけを、インターパーソナル・コミュニケーションは与えてくれるのだ。

「ジョハリの窓」は、このように単純明快に私たちの内面を映し出してくれる。このモデルで自分自身を分析する際にいくつか押さえておくべきことがある。まず、「ジョハリの窓」において四つの領域は広さが一定ではない。そして、「未知の領域」を除いた残りの三領域の大きさは、相対的に変化することである。セルフ・ディスクロージャーは「閉ざされた領域」から「開かれた領域」に情報を移す行為である。セルフ・ディスクロージャーをするに従い、「閉ざされた領域」が小さくなり、それにともない「開かれた窓」が大きくなる。同時に、「目隠しされた領域」にある情報を、まわりの人たちからフィードバックの形で受け取れば、「開かれた領域」がさらに広がることになる。

もうおわかりだろう。インターパーソナル・コミュニケーションは私たちの心の窓を広く外に向けて開放することであり、自分の知らない自分についての情報をまわりの人たちから**収集する活動でもあるのだ**。「ジョハリの窓」のもうひとつのおもしろい特徴として、3つの領域の大きさは状況や相手、また自分の気分その他によってかなり大きく変化することがある。親友や家族と話している時の自分の「ジョハリの窓」と、街で見ず知らずの人から声をかけられた時の「ジョハリの窓」を比較してみてほしい。また、落ち込んでいる時の「ジョハリの窓」はどんな風になっているだろうか。仲間と楽しく談笑している時は？　親から雷を落とされたときは？　このように「ジョハリの窓」はその形を変え、私たちの自己イメージの変化をそこにはっきりと映し出すのである。

フィードバックについて

フィードバックとは自分の行うインターパーソナル・コミュニケーションに対して、相手から返されるレスポンスのことだ。これは元々は情報工学系の用語で、比較や誤りの訂正等を行うために、出力側から入力側に信号を返すことである。

インターパーソナル・コミュニケーションでも、自分にとっての自己イ

・・・**収集する活動でもあるのだ。**
↓これによって自分自身についての知識レベル(self-knowledge)と自覚(self-awareness)を高めるわけだ。

メージ（ルッキンググラス・セルフ）と相手の目を通して見た自分のイメージ（リフレクテッド・アプレイザル）との比較のためにフィードバックが利用されるし、また「目隠しされた領域」の情報についてのフィードバックが、私たちの心の窓を開放するのに不可欠であることは先に述べた通りである。ではフィードバックについてもうすこし考えてみよう。

私たちがセルフ・ディスクロージャーをする場合には、単に相手に自分の話を聞いてもらうことだけが目的ではない。常に「こんな私をあなたは認めてくれるか？」、「私に見えていない部分や見間違っている部分があったら、どうか指摘してほしい」という問いや要求を相手に投げかけている。大きなリスクを伴うが、自分にとっての自己イメージの確認、そして相手が自分をどう受け入れてくれているかを確かめるために**どうしても必要なプロセスなのだ**。そこで相手から何のフィードバックもなかったら、またフィードバックが得られたとしても、不適切なものであったらどう感じるだろうか？

大きく分けて、フィードバックには「**肯定的フィードバック**」と「**否定的フィードバック**」の二種類があると言われている。「肯定的

・・・どうしても必要なプロセスなのだ。
→お互いの自己イメージについて確認しあい、双方のルッキンググラス・セルフとリフレクテッド・アプレイザルのズレを修正していくプロセス（consensual validation）。

肯定的フィードバック
→positive feedback

否定的フィードバック
→negative feedback

くためのアイコンタクトやフィードバックのこと。

フィードバック」とはコミュニケーションをよりスムーズに進めていくための潤滑油の役目を果たすものであり、さらにはそれを受け取った人が自分の自己イメージを高く評価するよう促すものだ。相手の話しにきちんと耳を傾けているということを示すためにうなずいたり、アイコンタクトを取ったりすることなどは基本中の基本である。単に「そうだね」、「なるほど」という言葉を返すだけでも相手の抱く安心感が違ってくる。逆に、あなたが電話で悩みを打ち明けているとき、相手がずっと黙っていたら不安になるだろう。また、「君の言っていることはわかるよ」と相手に対して理解を示すことも大切だ。

より高度なフィードバックとしては、「それはどういう意味かな？もっと具体的に説明してもらえないか？」、「君の言ってることをこう解釈しても良いんだね？」という確認や補足説明を求めるもの、「それはつらかっただろうね」、「君は決して間違っていないと思うよ」という具合に、相手の気持ちや意見をサポートするもの、「僕は君がとても有能な人間であると思っているよ」、「きっと大丈夫。がんばってごらん」といった具合に、自分が相手のことを高く評価していること、またプラスの感情を持っていることを直接示したり、励ましたりするために送るフィードバックがある。

逆に、「否定的フィードバック」はインターパーソナル・コミュニケーションや人間関係にマイナスの影響を与えるばかりか、セルフ・ディスクロージャーのリスクを必要以上に増大させてしまい、相手に大きな心理的ダメージを与えてしまう結果にもなりかねない。まず、「無視の一手」を決め込むことはコミュニケーションのパートナーに対する最大の侮辱である。相手の存在を否定し、その人が一生懸命送っているメッセージの受け取りを拒否する態度や言動は、絶対にしてはならない。これに似たものに「批評家気取り」のフィードバックがある。例えば「人生なんてそんなもんさ」、「そんなこと男ならみんな考えることだよ」という具合に客観的視点に立った一般論にもっていき、相手のことを親身に考えている様子が見られない。ちょっと違ったタイプのものでは、「話しの腰を折る」というのがある。つまり相手が話し終わらないうちに、フィードバックを始めるわけだ。これもよくない。

「実はきのう、バイト先で大失敗しちゃって、お客さんの服にコーヒーをこぼしちゃったの、それで、私・・・」
「ふーん、そのお客すごく怒ったろう。俺だったら服、弁償させるな」

この場合、相手の話しが全て終わらないうちに、自分の勝手な解釈でフィードバックをしているのがまずい。彼女はこんなフィードバックがほしいのでないことは言うまでもない。相手が全てを言い終わってから、その内容を踏まえて適切なフィードバックをするべきだ。ぶつぶつと意味不明なことを言ったり、「あの、その」、「えーと」の類の言葉が多く使われるのも不適切なフィードバックである。またノンバーバル・コミュニケーションのところでも説明したが、上司に仕事の悩みを相談しにいった時に、広げた新聞の後ろから「君のことをいつも気にかけている」と言われたらどう思うだろうか。このように言葉で言っていることとノンバーバルで表現されている意味が矛盾するのも、相手に不安感を抱かせるものである。

「否定的フィードバック」のなかでも最も問題ありといわれるのが、「無関係なフィードバック」と、それがさらに進化した「すり替えのフィードバック」である。次の例をみてほしい。

（無関係）

「今日はほんとにさんざんな一日だった。やることなすこと全部裏目に出ちゃって。もう今の会社やめて、転職しようかな」

「ねえ、恭子はどうしたの？　なんで連れてこなかったのよ？」

（すり替え）

「今日はほんとにさんざんな一日だった。やることなすこと全部裏目に出ちゃって。もう今の会社やめて、転職しようかな」

「アテがある人はいいよ。ねえ、恭子はどうしたの？　なんで連れてこなかったのよ？」

最初の例では、相手の話しの内容に全く関係のない話題にあっさり変えてしまっている。2番目の例では、相手の話しを一応受けてはいるが、そこからすぐに別の話題にすり替えてしまっている。実に巧妙な手口である。いずれのケースでも相手に直接フィードバックをしていない点が大いに問題なのだ。したがって相手は自分のセルフ・ディスクロージャーに対する適切なフォローがないことに、とても不満を感じてしまうだろう。フィードバックの大切さをわかっていただけただろうか？

コミュニケーションのためのよい雰囲気作り

インターパーソナル・コミュニケーションでは**場の雰囲気**が重要な要素になってくる。温かで、友好的な雰囲気のなかで、信頼できる相手とコミュニケーションができれば理想的である。一方、冷たく、自

・・・場の雰囲気

→communication climateといい、コミュニケーションを促進する友好的な雰囲気(supportive communication climate)と自己防衛反応を誘発する敵対的な雰囲気(defensive communication climate)が対極にある。

分を感情的にサポートしてくれる人がいないような状況ではセルフ・ディスクロージャーはおろか、まともなインターパーソナル・コミュニケーションすらできないだろう。最近、医療の現場におけるコミュニケーションの重要性がさまざまな方面で取り上げられている。頼りにしている医者や看護婦の、心ない一言が患者を傷つけてしまったり、また余命幾ばくもない患者が、医者や看護婦のかけてくれる温かい言葉で元気づけられたりするというのだ。医療に携わるものとして、単に治療をすればいいというのではなく、患者もひとりの人間であるという認識の上に立って、患者との間に信頼関係を築くためのインターパーソナル・コミュニケーション能力が求められている。

ジャック・ギブはどのようなコミュニケーションが私たちの自己防衛反応を誘発するかを具体的に次のように説明している。

1　人は相手から評価されていると感じるとき防衛的になる。

「正しい／間違っている」、「よい／悪い」、「優れている／劣っている」これらは全て評価である。フィードバックは「評価」ではなく「具体的描写」によって行うべきだとされている。「君の考えは間違って

ジャック・ギブ
→Gibb, J.R. (1961). Defensive communication. *Journal of Communication*, 11, 141-148. p.192

いる」と言えば、相手は自分に対する個人攻撃だと受け取ってしまうかもしれない。むしろ、「君のアイディアはコストがかかりすぎて、現実的ではない」とでも言うべきだろう。自分のせいにされるのも、実にいやなものだ。だから、「お前が悪い」といえば、相手はムキになって反論してくるだろう。かわりに、「君の行動を、私はとても残念に思っている」と自分の気持ちを描写したら、相手の反応も違ってくるだろう。

2　人は他人が自分をコントロールしようとしていると感じたとき防衛的になる。

「お父さん、今度の模擬試験の結果もいまいちだし、医学部はあきらめようと思うんだけど」

「お前はお父さんの言うことを聞いていればいいんだ。余計なことを考えるんじゃない。絶対医学部を受けるんだ」

こんなことを言う父親を前にして、息子はどう感じるだろうか？　小さい子どもならともかく自我の発達した大人であれば、このような言動をする父親に対して不信感を抱くだろう。ギブはこのような場合に、問題解決に協力する姿勢を示すべきだといっている。この父親ならば、「そうか。医学部をあきらめるのは簡単だ。でも、お前はそれで本当にいいのか？　入試まであと3カ月。どう勉強したらいいか一緒に考えてみようじゃないか」というフィードバックが父親と息子のコミュニケーションをよい方向に導くのだ。

3　人は相手に何か策略があると思う時に防衛的になる。

「あなたのお母さんからさっき電話があって、こんどご実家の方を建て替えるって」

「そうか。あの家ももう築30年だし、あちこちガタがきているからな。お前だって前から新築の家に住みたいって言ってたじゃないか。それにうちの両親ももう年だしな」

「あなた、それって同居するってこと？」

「そんなことは言っていない。でもいずれは・・・」

「あなた！」

夫の方ははっきり言っていないが、両親との同居について妻の同意を求めていることには変わりがない。妻の方は夫の策略に気がつき、自己防衛的な受け答えをしているわけだ。コミュニケーションはあくまでも自発的に行われるべきもので、策略をめぐらすべきではないのだ。

4　人は相手が自分の感情に無関心であると感じたとき防衛的になる。

セルフ・ディスクロージャーにおいてはこれが大きく影響する。先にあげた「無関係なフィードバック」や「すり替えのフィードバック」はこの点から見ても不適切である。相手の話を「共感」をもって聴くこと、そして相手の気持ちを理解し、サポートするようなフィードバックをするべきなのだ。前出の例で考えてみよう。

「今日はほんとにさんざんな一日だった。やることなすこと全部裏目に出ちゃって。もう今の会社やめて、転職しようかな」

「紀子の気持ちもわかるな。いくらがんばっても結果が出ないと何もかもいやんなっちゃうよ。でもさ、私、いやなことはすぐ忘れるようにしてるんだ。今日は、ふたりでとことん飲もうよ」

こんなふうにフィードバックしてみたらどうだろうか。

5　人は自分に対して相手が優越感を持っていると感じるとき防衛的になる。

総合職で営業に配属された若い女性が、上司に対して次のように言った。

「私はこう見えても体力には自信があります。外回りの営業でもなんでもやらせてください」

それに対して上司の返答は次のようであった。

「しょせん営業は女子どもにできる仕事じゃない。君がいくらがんばっても、男にはかなうわけないんだから。営業に出るのはいいが、男性営業マンの邪魔になるようなことだけはしないでくれよ」

これでは男女差別もいいところである。

この場合、ギブは上下関係をことさらに強調せず、対等の立場でコミュニケーションをすることを奨励している。この上司に「君も今日からうちの営業チームの一員だ。女だからって手加減しないぞ」と言われたら、この女性社員は胸を張って、大きな声で、「はい。よろしくお願いしまーす」と答えるだろう。

6　人は相手に断定的な言い方をされると防衛的になる。

決めつけや断定的な言い方は、視野の狭さを示すものである。しかも、極度に防衛的な反応を誘発する。

「お前、今日のテスト、カンニングをしただろう」

「僕はそんなことしてません」

「嘘をつくな。お前がカンペを持っていたのを俺ははっきりとこの目で見たんだぞ」

「あれは違います」

「じゃあ、あの紙は何だ」

「先生は僕のことを疑ってるんですか?」

この先生と生徒の会話は、このままでは収拾がつかないであろう。ギブは断定的言い方を極力避けて、自分の判断や評価が正しくない可能性も考えた上で対応することを勧めている。

「先生はお前が今日のテストでカンニングをしたんじゃないかって思っている。正直に言ってみろ」

「僕はそんなことしてません」

「そうか。お前がカンペのような紙を持っていたように見えたんだがな」
「あれは、下書きの紙です。何なら見せましょうか?」
「じゃあ、見せてくれよ。先生も、自分の生徒を疑いたくないからな」

ずいぶんと違った展開になるだろう。

このようにコミュニケーションのためのよい雰囲気作りができるかどうか、それも私たち次第なのである。自己防衛反応など必要としないような、よい雰囲気の中で適切にセルフ・ディスクロージャーをし、十分なフィードバックを受け取ることで、自分の自己イメージをより健全なものにする。さらに相手から、特に自分のシグニフィカント・アザーから認められ、受け入れられていると感じられる時、私たちは**この上ない安心感を得ることができるのだ**。仮面をはずして、本当の自分を見せること、これは最初は怖いかもしれないけれど、やってみる価値はあるはずだ。

・・・この上ない安心感を得ることが出来るのだ。
→自己受容(self-acceptance)の実現。

第7章
コンフリクト

「コンフリクト（conflict）」とは聞き慣れない言葉である。英和辞典を引くと「紛争、衝突、対立、葛藤」とある。インターパーソナル・コミュニケーションとはそれぞれ個性的で、ユニークな個人が言葉やノンバーバルの手段を通して意思の疎通を図りつつ、何らかの人間関係を築くプロセスである。「人は皆同じ」という前提で始めてしまうとまずうまくいかない。こう考えると「コンフリクト」はインターパーソナル・コミュニケーションをしていく中で当然経験することだと言ってよい。

相手と自分が違っていることが認識されると私たちはまず「おや？」と意外に思う、それが「どうして？　なぜ？」という疑問に変わり、結果的に不安感を募らせることになる。私たちが認知のレベルでの一貫性やバランスを重視することについてはすでに見てきたとおりである。そのバランスが崩れるといわゆる「**認知的不協和**」の状態に陥ってしまう。「コンフリクト」とは「相手と自分との相違点が明らかになることによって感じられる、不安感や不快感」だと言ってもよいだろう。「仲違い」、「口ゲンカ」、「議論」など全てこうした認知レベルでの「コンフリクト」がコミュニケーションで表面化した状況である。これがインター

認知的不協和
→人が互いに矛盾するようなふたつの「認知」を同時に持つと不快な心理的緊張状態が生じる。それをフェスティンジャーは「認知的不協和(cognitive dissonance)」と名付けた。結果として、当然そうした状態を解消または低減しようとする動機づけが生じる。
Festinger, L. (1957). *A theory of cognitive dissonance*. Stanford, CA: Stanford University Press. p.196

パーソナル・コンフリクトである。だからどんなに気が合う相手でも、自分とはどこか必ず違っている部分があるはずだ、いや違っていて当然だということを常に頭の片隅に置きながらアプローチし、またどんなにうまくいっている人間関係であっても「コンフリクト」は、いつか必ず起きるのだと心の準備をしておくことだ。

私たち日本人は「協調性」を重んじる文化に生まれ育ち、日々の活動を行っている。だからまわりと仲良くやっていくためには、少しぐらい自分が我慢してもいいかな、と考えがちである。たとえ相手と自分との間に相違点が見えても、選択的認知のプロセスにより表面上は何も問題がないかのように振る舞ってしまう。「コンフリクト」に自分でどう対処すべきか、またそれをはっきり相手に伝えるべきか、もし伝えるとしたらどう表現してよいかがわからないから「見ざる、聞かざる、言わざる」を決め込んでしまうこともある。

コンフリクトの基本パターン

認知レベルでのコンフリクトはふたつの選択肢があって、その間で

私たち日本人は・・・日々の活動を行っている。
→武者小路公秀は日本の文化は協調性を重視した、他者志向の「合わせの文化」でそれが日本の外交政策にも明確に反映されていると分析した。
Mushakoji, K. (1976). The cultural premises of Japanese diplomacy. In Japan Center for International Exchange (Ed.), *The silent power: Japan's identity and world role* (pp. 35-49). Tokyo: Simul Press.

「究極の選択」を迫られる三つのパターンで起きる。まず、「回避／回避パターン」だ。これは例えば上司から「会社も経営が苦しくて大変だ。君には子会社に出向してもらうことを考えている。どうしてもここに居たいのなら今までのような高い給料は払えないが、どうする？」と突然言われたような場合に経験するコンフリクトである。ふたつの選択肢のどちらかは取らざるを得ないが、どちらもできれば避けたい、そんなケースである。

ふたつ目のパターンは「接近／接近パターン」と呼ばれ、これは自分がアナウンサーになることを強く希望していて、ＮＨＫと民放のふたつから内定をもらった場合などだ。両方とも手に入れたい、でもそれは不可能だ、どちらかひとつを選ばなければならない。それがコンフリクトの原因となる。うらやましい限りだが、本人は真剣に悩むことだろう。

三つ目のパターンは「接近／回避パターン」で、とても好きな人がいて結婚のプロポーズをされた、ただし相手の両親との同居が結婚の条件といった場合がこれだ。自分が望むものを手に入れたいが、同時に避けたいと思っているものがくっついてくる。一種の「抱き合わせ販売」のようなものだが、世の中ではこのような状況に遭遇することが案外多いかもしれない。

自分ひとりで認知的コンフリクトを経験し、悩んだり、じっと耐えている状況は長続きしない。自分の上司、恋人、家族といったコミュニケーションのパートナーが、自分の経験しているコンフリクトの原因の一部になっていたりする場合には特にそうである。自分の中で認知的コンフリクトが生じていることをセルフ・ディスクロージャーで相手に伝えた瞬間に、認知的コンフリクトはインターパーソナル・コンフリクトに変わる。お互いの考え方や価値観に違いがあることが共通認識となり、お互いの人間関係に影響を及ぼす問題として表面化するのだ。

「あなた。ゴロゴロしてないで少しは掃除するの手伝ってよ」

「仕事で疲れてるんだ。休みの日ぐらい、のんびりさせてくれよ」

「私だって、仕事持ってるんだから」

「どうしたんだ。突然。いつも黙ってやってるじゃないか」

「あなたが家事を分担してくれないことは、結婚してからずっと不満に思ってた」

「お前、家事やってる時いつも楽しそうじゃないか」

「冗談。あなたのためと思って我慢してたのよ」

「・・・」


もうおわかりだろう。このカップルの場合、妻が感じていた認知的コンフリクトを夫に表明し、ふたりの認識のズレが明らかになった時点でインターパーソナル・コンフリクトに変わったのだ。

価値観の違い

インターパーソナル・コミュニケーションにおいて、コンフリクトは様々な問題に関して起きるものである。**単なる思い違いや聞き違い、また事実認識の相違などは簡単に解決できるコンフリクトである。**「新幹線のぞみは名古屋には止まらないよ」、「いや、確か止まるはずだよ」このようなインターパーソナル・コンフリクトは、時刻表を見るか、みどりの窓口に問い合わせれば簡単に解決する問題だ。しかしデートの最中にムードも最高潮となって「君と前にここに来たことがあるよね」と言った

単なる思い違い・・・簡単に解決できるコンフリクトである。

↓自分が正しいと信じていること、思いこみ、信念= beliefs。

時、相手の女性に「えっ、私、ここに来るのは初めてよ」と言われたらどうだろう。単なる事実誤認では済まされない。このやりとりの直後、ふたりの間に冷たい空気が流れるだろう。これは事実のみの問題でなく、今度の展開によっては人間関係に関わる重大なインターパーソナル・コンフリクトである。また**好き嫌いや姿勢、考え方**の違いもインターパーソナル・コンフリクトの原因になる。「朝食はごはんがいいかパンがいいか」、「原子力発電所の建設に賛成か、反対か」といった意見の相違は、直接当事者同士の人間関係には影響を与えない。しかし、「亭主関白」に対する姿勢の相違は、夫婦関係においては重大な意味を持つかもしれない。

インターパーソナル・コンフリクトの原因として、最も大きなものは**価値観**の違いである。価値観とは自分にとって何が大切か、大事かという個人的な評価のことである。価値観はセルフ・コンセプトの中核をなすもので、だからこそ価値観が脅かされると私たちは過剰な自己防衛反応をすることが多いのだ。価値観には大きく分けて2種類ある。まず私たちの**日々の行動を左右する価値観**である。「清潔」、「時間

好き嫌いや姿勢、考え方
→attitudes

価値観
→values。自分にとって何が大切（価値がある）かという認識。

日々の行動を左右する価値観
→日々の行動の指針に用いる、かなり具体性のある価値観(instrumental values)

に正確」、「倹約」などがこれである。一方、「幸福」、「世界平和」、「愛」、「成功」といったものは私たちが一生の間大切にする価値観であり、**人生の目標にもなりうるものである。**価値観は家族、親友といったシグニフィカント・アザーやマスメディアとの接触により、社会化の過程の中で私たちが内面に取り入れていくものであり、重要な決断や行動パターンは私たちの価値観を反映している。当事者同士の間で価値観が違ったり、優先順位が異なったりすることによって起きるインターパーソナル・コンフリクトは多いし、またうまく解決することが難しいものだ。


「和夫さん、最近疲れているようね。少し体を休めた方がいいんじゃない？」

「馬鹿なことを言うな。俺が休んだら課のみんなが迷惑する。そんな無責任なことはできない」

「でも、無理すると体壊すわよ」

「男にとって仕事が一番大事なんだ。お前はだまっていろ」

「あなたにもしものことでもあったら、私と子どもたちはどうなるの？　私、とっても心配なの。少しは考えてちょうだい」


人生の目標にもなりうるものである。
→人生における最終達成目標を示す抽象性の高い価値観(terminal values)

一流企業の部長で仕事人間の夫、専業主婦の妻の間のこのインターパーソナル・コンフリクトは価値観の相違が原因になっている。家族よりも「仕事」、「会社」、「責任感」に価値を置く夫に対して「家族」や「夫の健康」がもっと大事と考える妻の間で起きるべくして起きた問題だ。

この例のように、セルフ・ディスクロージャーによってコンフリクトについて相手に明確に伝えられている場合はよいが、当事者にもコンフリクトの原因がはっきりと掴めていない場合は、もっと複雑な問題に発展しかねない。


「なに、大学を出たらアメリカに留学したい？　お父さんは反対だ」

「でも、わたし通訳になりたいの。本場で英語が勉強したい」

「アメリカは危ない。数年前、日本人留学生が射殺された事件を思い出してみろ」

「気をつけるし、私の行きたい大学は治安のよいところだから、大丈夫」

「ダメといったらダメだ。そんなことのためにお前を東京の大学にやったんじゃないぞ。大学卒業したらこっちへ戻って来い」。

「去年、ホームステイした家族が面倒見てくれるって言ってるし、大丈夫よ。心配ないって、お父さん」

この親子のケースでは表面的なインターパーソナル・コンフリクトの種は娘のアメリカ留学で、娘の身の安全が問題となっているように見える。しかし、本当の原因は違うことがわかるだろう。娘の方は「通訳になる夢」に価値をおき、その実現のためにこれからアメリカでがんばろうとしている。一方、父親の方は娘にとっては実家に戻ってくるのがベストと考えているわけだ。本当の問題はこの価値観の相違であることに双方とも気がつかなければ、娘のアメリカ留学に限らず、この親子は話をする毎に同じようなやりとりが繰り返されるだろう。つまらないことでけんかが絶えない場合には、この親子の場合のように、その奥に本当のインターパーソナル・コンフリクトの原因が隠されていないか**どうか調べる必要があるだろう。**

いずれにせよ、コミュニケーションがインターパーソナル・コンフリクトを解決したり、うまく管理したりするための唯一の手段となるのだ。

・・・どうか調べる必要があるだろう。
↓コンフリクトの2層構造。コンフリクトの表面的な原因(surface cause)にばかり目を奪われてしまい、より深い所に存在する真の原因(deep cause)を見失ってしまうことがよくある。もちろん後者の原因を元から絶たなければ、コンフリクトの解決は困難を極める。

感情的になるということ

インターパーソナル・コンフリクトでは、問題そのものと相手の人間性や相手との人間関係を切り離すことが非常に難しい。新しいプロジェクトの進め方についてチーム・メンバーの考え方が違うような場合、議論をしているうちに、「何でお前はそう頑固なんだ?」、「君たちとはもう一緒に仕事が出来ない」といった展開になることが多い。問題の本質ではなく相手を個人的に攻撃することで優位に立とうとする戦略は、人間関係に修復不可能なダメージを与えてしまうものだ。それはわかっているし、あとで必ず後悔することになるが、興奮すると自制が利かずに感情的になってしまう。

　感情を表現することは健全なことである。むしろ、感情表現を抑圧されていること自体が大きな精神的ストレスとなる場合もある。感情表現の仕方が大いに問題なのである。理性によるコントロールが出来なくなると、私たちは感情によって行動するようになってしまう。また強い感情を長期間自分の中にためておくのもよくない。ゴム風船に空気を入れすぎれば、破裂してしまう。これと同じで、私たちも我慢の限界がくれ

コラム

文化によるコンフリクトに対する考え方の違い

↓コンフリクトには、争点そのものについての対立(substantive conflict)と感情レベルでの対立(affective conflict)の二種類があると言われている。欧米人は極力このふたつを分けるよう努力し、激しい議論や対立が人間関係に悪影響を及ぼさないようにするが、人間関係や「和」を重要と考えているはずの日本人の方がこのふたつを切り離せず、問題を必要以上にこじれさせてしまうことが多い（泥仕合、誹謗中傷など）。なぜか日本人はこのジレンマにうまく対処できないようだ。

ば、**大爆発してしまう。**長年、積もり積もった相手への不満が一度に吹き出したらまさに修羅場だ。相手もどうして良いかわからないし、ただおろおろするだけだろう。

このようにインターパーソナル・コンフリクトでは耐えることは必ずしも美徳ではないのだ。人間として感情を持つことは自然であり、感情があるからこそ人間らしいともいえるのだ。「自分は悲しい」、「自分は怒っている」、「自分は嫉妬を感じている」何でもよいが、自分の感情を理性によりコントロールしながら相手に正直に伝えることが大事である。

感情的になるとインターパーソナル・コンフリクトにうまく対処することが難しくなるという、もうひとつの例が「**キッチン・シンキング**」というパターンだ。これはキッチンの流し（シンク）に汚れた皿、コップ、なべ、フライパンを何でも放り込むことからの連想だ。私たちは興奮し、感情的になると実際に問題になっていること以外のことまであれこれ持ち出すというパターンに陥る。昔の話を蒸し返すこともこの「キッチン・シンキング」の一種である。

大爆発してしまう
→これをbrown baggingという。今はスーパーの買い物袋はビニールになってしまったが、一昔前までは厚手の茶色の紙袋であった。それにぎゅうぎゅうに品物を詰め込むと破れてしまうという例えである。

キッチン・シンキング
→kitchen sinking　読んで字の如し。

「何度言ったらわかるの。テレビばっかり見てないで、少しは勉強したら?」

「うるさいなあ。これ見終わったら勉強するよ」

「勉強しないなら、少しはこっちを手伝ってよ」

「するって言っているだろ? あっちへ行けよ。いまいいとこなんだから」

「そういえば、最近、変な電話が多いわね。一体誰なの? おかしな人たちとつき合ってるでしょう?」

「おふくろには関係ないことだよ」

「成績が悪くなったのも悪い仲間とつき合ってるからよ」

「関係ないって言ってるだろ」

「夜、遅くまで何やってんの?」

「バイトだよ」

「この間、部屋にたばこがあったわ。いつから吸ってるの?」

「うるさいなあ」


この母親の心配はわかる。でも「勉強」、「不良仲間」、「電話」、「夜遊び」、「たばこ」といった問題を次々に出せば、息子は自己防衛的になるのは目に見えている。だから、このような「キッチン・シンキング」がインターパーソナル・コンフリクトを効果的に解決するとは、とても思われない。一度にひとつの問題を取り上げて、解決をはかること、それが鉄則である。

もうひとつよく見られるパターンを挙げよう。ボクシングではベルトより下のパンチを**「ロー・ブロー」といい、反則である。**インターパーソナル・コンフリクトでもこんなことをすればやはりアンフェアである。


「お前、最近弛んでるんじゃないか？　この成績をみてみろ」

「私なりにがんばっています。でも、なかなか契約とれなくて」

「営業を何年やってるんだ。お前のせいで俺の指導力が疑われる」

「部長も営業に出てみたらどうです。お手本を見せてくださいよ」

「何だと？　成績がビリのくせに生意気言うんじゃない」


部長の最後の言葉が「ロー・ブロー」である。相手の気にしていること、相手の弱点をえぐるような言動や行動は、人間関係に致命的なダメージを与えてしまう。冷静になった時に後悔しても、後の祭りである。私たちは感情的になればなるほどこうした反則を犯してしまう

「ロー・ブロー」といい、反則である。
→英語では belt lining.

のだ。感情をコントロールすることは確かに難しい。でも、インターパーソナル・コンフリクトで感情的になったら、全ては終わり、そう肝に銘じておくことが大切だ。

コンフリクトについての誤った認識

これまで見てきたようにコンフリクトはインターパーソナル・コミュニケーションのひとつの形として見るべきものだ。人間皆、生まれ育った環境も違えば、考え方、価値観、ライフスタイル、性格なども違う。だからコンフリクトは起きて当然、それがむしろ自然であるという認識に立つべきなのだ。私たちは、インターパーソナル・コンフリクトを否定的に考えがちであり、だからこそ極力避けようとするのだ。**ホッカーとウイルモット**は私たちがインターパーソナル・コンフリクトについて持つ誤った認識を次のように具体的な例えで示している。

＊「コンフリクトは戦争のようなもの」

相手に対して自分の認知的コンフリクトをセルフ・ディスクロージャーにより表明すること（例「コーチのやり方にはもうついていけ

コラム

プラスの感情・マイナスの感情
→感情には人間関係を促進するプラスの感情(facilitative emotion)と逆にダメージを与えるマイナスの感情(debilitative emotion)がある。「喜怒哀楽」という表現があるが、うれしい、楽しい、といった感情は前者であり、怒り、嫉妬、悲しみなどは後者である。やきもちは嫉妬に似ているが、ある意味でfacilitative emotionとも言えなくはない。

ホッカーとウイルモット
→Hocker, J., & Wilmot, W. W. (1994). *Interpersonal conflict (4th ed.)*. Dubuque. IA: Wm. C. Brown Company.

ません」）は相手に対しての「宣戦布告」であり、その後の展開は戦争と同じで、相手を負かし、自分が勝利をおさめるまで続く。しかし、消耗戦になれば、どちらも傷ついてしまう。

＊「コンフリクトは危険な可燃物のようなもの」

インターパーソナル・コンフリクトは一度火がついたら、爆発したり、一気に燃え上がる火薬やガソリンのようなものである。特にコンフリクトで感情的になれば、もう手がつけられなくなってしまう。

＊「コンフリクトは山登りのようなもの」

インターパーソナル・コンフリクトでは、相手より上に立たなければならない。相手の議論の上を行くこと、相手がそれ以上反論できなくなればそこで終わり。つまり、早く頂上を征服した方が勝ちである。ただし、苦しくても休んだら負けだ。

＊「コンフリクトは裁判のようなもの」

インターパーソナル・コンフリクトは裁判と同じように、原告と被告のどちらの主張が正しいかを議論によって決着をつけることである。判決を下す裁判官の役目を果たす第三者も場合によっては必要だ。

＊「コンフリクトはスポーツの試合のようなもの」
インターパーソナル・コンフリクトをうまく解決するには、お互いルールを守って問題に対処しなければならない。ルールを守ることが最優先である。ただし、ルール違反があれば、試合（コンフリクトの解決）そのものが成立しなくなってしまう。前にも述べたように「ロー・ブロー」のような反則をしないという基本的ルールですらきちんと守ることは難しい。
＊「コンフリクトの解決にはスーパー・ヒーローが必要だ」
インターパーソナル・コンフリクトの解決には当事者同士がいくら努力してもダメだ。自分たちの運命は自分たちを危機から救い出してくれるスーパーマンや水戸黄門のような人物が、タイミングよく出てきてくれるかどうかにかかっている。しかし、本当に助けにきてくれるかどうかはわからない。他力本願的考え方である。
＊「コンフリクトは交渉の場である」
インターパーソナル・コンフリクトでは例えば、労使交渉のようにお互い根気よく話し合い、解決策を模索することが必要だ。ただし、忙しい私たちにとってはそれだけの時間もエネルギーもないのが実情だ。

このように否定的に捉えてしまうと、やはり自分の認知的コンフリクトを外に出さないようにすることが、むしろ良いように思われてしまう。またインターパーソナル・コンフリクトが実際に表面化していてもそれを見て見ぬふりをする、また「自分さえ我慢すれば・・・」と考えることが多くなるだろう。コンフリクトは基本的に破壊的なもの、したがって回避するのがベストであると思ってしまう。しかし、本当にそうだろうか？　インターパーソナル・コンフリクトをいかに上手に管理するか、その方法を考えてみよう。

インターパーソナル・コンフリクトの上手な管理

最初に断っておくが、全てのコンフリクトが解決できるわけではない。パレスチナをめぐって、**アラブとイスラエルの間で何世紀にもわたって続く抗争**や、アメリカの**人種間のコンフリクト**などは一向に解決される様子が見られない。これらは未来永劫、解決されることはないかもしれない。それだけ問題の根が深く、複雑なのだ。インターパーソナル・コンフリクトも基本的な価値観の違いなどが原因であって、譲歩の余地がない場合、お互いが満足するような解決は難しいか

アラブとイスラエルの間で・・・続く抗争
→いわゆる「パレスチナ問題」。

人種間のコンフリクト
→自由平等／機会均等を基本理念として掲げるアメリカ社会で、人種問題がいまもって解決されないのは、その問題の根深さ、複雑さを物語るものである。

もしれない。したがって、人間関係そのものを解消する以外に手段がない場合もあるだろう。しかし、このようなケースはむしろ希だと思いたい。お互いが努力してコミュニケーションをすれば、解決できるインターパーソナル・コンフリクトを放置することがいかに間違っているかをここで考えてみてほしい。いきなり解決を図ろうと努力するよりも、インターパーソナル・コンフリクトが人間関係に悪影響を与えないように、また修復不可能なダメージを与えないように、さらに進んでコンフリクトを乗り越えたことでお互いに大きなメリットがもたらされるようにインターパーソナル・コンフリクトを上手に管理することが重要な意味を持つのである。

キルマンとトーマスはインターパーソナル・コンフリクトを管理する場合、私たちは自分の主張を通すことと相手の主張を聞き入れることの程度の違いにより次の五つのアプローチが考えられると言っている。ただし、このいずれもオールマイティーのアプローチではなく、それぞれ状況によって適切にも、また不適切にもなりうるのだ。

＊**「競争」**（自己主張はするが、相手の主張は聞き入れない）

このアプローチでは、お互いが自己の主張を通すことに最大限のエ

キルマンとトーマス
→Kilmann, R., & Thomas, K. (1975). Interpersonal conflict-handling behavior as reflections of Jungian personality demensions. *Psychological Reports*, 37, 971-980.

競争
→competition

ネルギーを費やす。議論で勝敗がついたとき、コンフリクトは一応の決着をみたとみなす。これは、早期の問題解決が必要な場合や問題そのものが直接人間関係に関わるものでない場合に適切である。例えば、広告のキャッチ・コピーの中のどれがよいかで意見がわかれた時など、グループ内でそれぞれの案を支持する人が議論を戦わせるケースがこれにあたる。競い合うことで創造性が刺激されるなどのメリットもあるが、人間関係が深く関わるようなケースでは、こうした「コンペ」に持ち込むと泥沼化を招く。

＊「回避」（自己主張をしない、相手の主張も聞き入れない）

これは最初からコンフリクトが起きないように、もめそうな話題を極力出さないようにする、またコンフリクトが実際に起きているのに見て見ぬふりをして何もしないことである。様々な選択的認知のプロセスを駆使してコンフリクトの存在そのものを否定し、何事もないように振る舞うパターンである。原因となっている問題は実際には消えてはいないので、自己欺瞞の状態であるし、相手の気持ちも一切考えていない。お互いに対する愛情が失せているのに形式的な結婚生活を続けるいわゆる「仮面夫婦」、「家庭内離婚」がこのパターンである。

回避
→ avoidance

唯一、「回避」のアプローチが許されるのは、お互い問題を解決する意思はあるが、今すぐにコンフリクトに対処する時間も、心の準備もない場合だ。お互いが感情的になっている状態で急いで問題を解決しようとするよりは、時間をおいて冷静に話せるようになるまで待つほうが得策かもしれない。このように「逃亡」ではなく、「一時的撤退」というのであれば決して悪いアプローチではない。

＊「妥協」（自己主張と相手の主張を聞き入れる程度が半々）

「妥協」または「譲歩」のアプローチは様々なケースで取られる。一見、合理的な解決方法であるかのように見えるが、そこには大きな落とし穴がある。「妥協」の結果には自分の主張も、相手の主張も100％反映されていない、すなわちお互いがかなりの自己犠牲を強いられるのだ。したがって、不満が残る。その不満が後々別のインターパーソナル・コンフリクトを引き起こす可能性だってあるのだ。ただし、時間が節約できることはメリットだし、人間関係の維持のためならお互いが積極的に譲歩出来る部分は譲歩しようという姿勢を見せれば効果的だろう。「妥協」によってうまくコンフリクトが管理できるケースとして、電気店などでの値引き交渉などがある。「三万五千円は無理だけ

「妥協」→compromise

ど、じゃあ、中をとって三万七千円でいいよ」と言って、客も納得すればそれで一件落着である。

＊「迎合」（自己主張はしない、相手の主張は聞き入れる）

一言で言えば、「長いものには巻かれろ」というアプローチである。相手の言い分を100％聞き入れて、自ら白旗を掲げることが一番楽かもしれない。「自分さえ我慢すれば」と思って、子どものために夫の暴力に耐える妻や、首になるのを恐れて、上司におべっかを使うサラリーマンなどは、皆このアプローチを取っているわけだ。自己主張をしない、争いを好まない平和主義的な人間にも思えるが、実は相手との人間関係そのものにはあまり価値をおいてないからこそ取れるパターンでもあるのだ。

ただし、自分が明らかに間違っているということがわかった時には、変に理屈をこねて問題をこじらせるよりも、自分の非を認め相手の言い分を100％受け入れるという潔い態度も必要であろう。連絡を入れずに約束の時間に遅れた場合など、言いわけをするよりは相手の叱責を聞き入れ、詫びるのがベストである。だから「迎合」というよりは「受容」ということであれば悪くはない。

「迎合」
→accommodation

＊「問題解決」（自己主張もするが、相手の主張も聞き入れる）

インターパーソナル・コンフリクトをお互いの問題として意識し、協力的姿勢で問題解決を行うことである。自分の言いたいことを全て言わせてもらう代わりに、相手の言い分も十分に聞き入れること、そしてお互いが満足できる形でコンフリクトを解決したいという意思の確認がこのアプローチの前提である。お互いの気持ちやニーズが十分に明らかになるので、問題点の特定が正確にできる。ただし、十分に話し合うために、時間が必要なのが欠点で、すぐに結論を出さなければならない場合には不適切である。また、いったん感情的になると「競争」のパターンにいつのまにか変わってしまうということもあり得るので注意が必要だ。これを使いこなすのはかなり難しいし、高度なコミュニケーション・スキルを要求される。しかし、人間関係の維持と今後の展開を重視するのであれば、このアプローチがベストと思われる。

　私たちがうまくインターパーソナル・コンフリクトを管理するにはこの5つのアプローチを状況や目的、ニーズに合わせて適切に使い分けられる能力が必要なのだ。

問題解決
→collabolation

コラム

日本人のコンフリクト管理

→コンフリクト管理のアプローチには文化の価値観が強く反映される。協調性や「和」を基本的価値観と考える日本人の場合、「回避」と「妥協」のパターンが多用されるのは当然のことであり、また上下関係が明確に規定された「タテ社会」的人間関係では「迎合」のパターンもよく見られる。逆に、相手と対立する「競争」のパターンになると一転尻込みをしてしまう。前にも述べたように、人間関係と争点を切り離せる自信がないことが大きな理由となっているのだろう。

コミュニケーションとコンフリクト

私たちは、インターパーソナル・コミュニケーションによって相手と自分の相違点が明らかになるからこそコンフリクトを経験する。ではコミュニケーションをやめてしまえばよいかというと、そうもいかない。現実のコンフリクトの存在に気がつくのもまたコミュニケーションを通してだし、相手のセルフ・ディスクロージャーによって初めて、自分では気がつかなかったコンフリクトが、お互いの問題として認識されるからである。さらにインターパーソナル・コミュニケーションは、コンフリクトを上手に管理したり、解決するためにはなくてはならないものでもあるのだ。このようにインターパーソナル・コミュニケーションは「両刃の剣」と言える。とにかく重要なのは、相手とコミュニケーションを十分に行い、コンフリクトと正面からしっかりと**向き合うことだ**。

したがって、相手の理解が不十分だからコンフリクトが起きるという考え方は誤りである。十分にインターパーソナルコミュニケーションをし、セルフ・ディスクロージャーによってお互いを良く理解すればするほど、相手と自分との違いがはっきりとして、その結果コンフ

・・・**向き合うことだ。**
↓コンフリクトから逃げないことが肝心だ。コンフリクトの管理(conflict management)に前向きに取り組むこと。

リクトが生じる可能性が高い。「けんかするほど仲が良い」という表現がある。これは真実である。仲が良ければ、相手のこともよく理解できる、だから違いも見えてくる。そしてコンフリクトが起きる。お互いを良く知っているから、また信頼しているからこそ正しい方法でコンフリクトをうまく管理していくことができるのだ。「私たちけんかをしないから、きっと相性抜群なんだねー」という思いこみの方がは実は危険なのだ。

インターパーソナル・コンフリクトのメリット

最後に発想の転換を促すために、否定的に捉えられがちなインターパーソナル・コンフリクトのもたらすメリットについてまとめておこう。

まず、インターパーソナル・コンフリクトは、私たちにお互いの認識した相違点や人間関係に関わる問題を前向きに検討しよう、解決しようという動機付けを与えてくれるものだ。またコンフリクトが表面化して初めて問題の共通認識が生まれ、それをお互いが努力して解決していこうという意志の確認をすることでお互いに対する信頼感も増すだろう。インターパーソナル・コンフリクトを経験し、それを克服することで、人間的に成長することができるのもまたひとつのメリットだ。自分と違った生き方や考え方をする人間がこの世の中にいることを知り、その違いを越えて人間関係を築くこと、それができるのが一人前の大人ということだろう。

さらにインターパーソナル・コンフリクトは見方を変えれば、相手について新しい発見をするということである。今まで自分と同じだと思っていた相手が実はずいぶん違った考え方や感じ方をするのだと気がついただけでもおもしろいと考える心の余裕ができてくればしめたものだ。そうすれば、コンフリクトの管理や解決にも創造的なアプローチがとれるだろう。精神的余裕がなかったり、時間に制約があったりすると私たちの思考が制限されてしまう傾向がある。自分の立場と相手の立場というふたつの視点でしか状況が見られなくなってしまうことがあまりにも多い。しかし、**そのふたつの立場を超越した第三の解決法**を模索することができれば、パーフェクトだ。「両親と同居する」、「同居しない」というふたつの立場だけで議論していてもらちはあかないだろう。でも「建物はひとつでも、内部が完全にふたつの住居空

そのふたつの立場を超越した第三の解決法
→コンフリクトの管理には創造的思考力(creativity)も必要だということ。

間に別れている二世帯住宅を建てよう」という創造的発想ができれば一気に問題は解決できるかもしれない。

インターパーソナル・コンフリクトは確かに困難なチャレンジである。しかし、大げんかをし、お互いの言いたいことを思いっきり言い合った後で、前よりも人間関係が深まったり、相手に対して前よりも寛容な姿勢で臨むことができるようになったりした**経験は誰にでもあるはずだ。**「コンフリクトは人間関係やコミュニケーションの崩壊を意味する。だから極力避けるべきである」という誤った認識はこの際、捨て去ってもらいたいものだ。インターパーソナル・コンフリクトを前向きにとらえることがまず大事だ。そして、「何についてのコンフリクトか?」、「このコンフリクトが自分たちの人間関係にどう影響しているか?」、「どうやってこのコンフリクトに対処していくか?」、そして「お互いこのコンフリクトを解決する意思があるか?」、この四つの質問にはっきりと答えられたら、インターパーソナル・コミュニケーションを十分に行なって、お互いにとって満足のいく解決を図ること、それがポイントだ。

…経験は誰にでもあるはずだ。
→この意味で、コンフリクトは人間関係の絆の強さやそれが「本物である」かどうかを試す「試金石」であると言える。

第8章
充足のためのコミュニケーション

「弘、最近、どうして私と会ってくれないの」

「卒業研究の実験で忙しいんだよ。わかってくれよ」

「そんなこと、理由にならない。少しは私の気持ちも考えてよ」

「貴子のことは考えているよ。でも、今、会う時間はないんだ」

「私より自分の研究の方が大事だってこと？」

「そうじゃないけど、立派な研究をして、教授に認めてもらいたいんだ。大学院のこともあるし・・・」

「もういい。弘の気持ちはわかった」

「貴子・・・」


このケースでの、弘と貴子のインターパーソナル・コンフリクトをそれぞれのニーズ（欲求）の観点から分析してみよう。貴子は弘が自分と会ってくれないことをとても不満に思っている。貴子の人間関係におけるニーズ、つまりインターパーソナル・ニーズが満たされていないのが原因である。そして、「自分と会ってくれないということは、自分は弘にとって大切な存在ではない。愛されていない」という短絡的な思考パターンに陥っている。一方、弘の方は「別に貴子がどうこうというのではなく、今は卒業

研究を立派に仕上げることが最優先だ」ということであり、彼のニーズは「自分の能力を教授に認めてもらいたい」ということなのだ。したがって、現時点では貴子との人間関係の中で特定のインターパーソナル・ニーズを満足させようとは考えていないのだ。このようなズレはインターパーソナル・コンフリクトの原因にもなるし、人間関係に大きな影響を及ぼすものだ。私たちがインターパーソナル・コミュニケーションを通して、どのようなニーズを満足させたいと思っているかを見極めることがまず大切なのだ。

ニーズとはなにか?

ニーズ（欲求）とは「―したい」、「―して欲しい」という気持ちである。**ニーズはコミュニケーションの動機付けを与えるものだ。**「おなかが空いた。ハンバーガーが食べたい」と思えば、ファースト・フードのショップに入り、「ハンバーガーにフレンチ・ポテト、それとコーラ」と店員に伝えるだろう。また、「これはどうしても今晩中に友達に言っておきたい」と思えば、電話をかけるだろう。このように適切な行動やコミュニケーションをすることによってニーズが満足されればそれで全てが完結する。しかし、ニーズを満足させるための適切なコミュニケー

ニーズはコミュニケーションの動機付けを与えるものだ
→人は強い欲求(need)を感じると、それをなんとか満足させねばと心理的に駆りたてられる(psychological drive)。そして、その目的にかなうような具体的な行動を起こす。これが動機付け(motivation)のプロセスである。

ション手段が使えない場合には、欲求不満の状態になる。言葉の通じない外国へ行けば、とたんに食欲や睡眠といった基本的なニーズですら十分満たすことが難しくなる。そして、**欲求不満**はストレスやその他様々な心理的・身体的問題を引き起こす。これがいわゆる「カルチャー・ショック」だ。私たちはもちろん食欲、睡眠、のどの渇きといった生理的欲求だけ満たされればよいというわけではない。愛情、思いやり、優しさなどの感情面でのニーズを十分に充足されなければ、精神的に満たされたとは感じない。親とのスキンシップが不十分なまま育った子どもは精神的、知的発達に支障が出たり、**成長してから様々な心理的問題を抱えるようになるという研究結果も報告されている**。また、自分のニーズについてうそをつくことも決して良い結果を生まない。失恋のあと、「もう誰も必要としない。ひとりで生きていく」と決意をしたところで、長続きするものではないし、まわりの人間との接触をさけ、結果として孤独感に悩むという悪循環に陥ってしまうだろう。

　このように考えれば、私たちの基本的なインターパーソナル・ニーズは自分以外の誰かと関わりを持ちたい、そして出来れば有意義な人間関係を持ちたい、**自分を相手に理解して欲しい、また相手を理解し**

欲求不満
→frustration

成長してから・・・研究結果も報告されている
→「アダルトチルドレン」と「機能不全家族」についての説明参照（17・11ページ）

自分を相手に理解して欲しい、また相手を理解したい
→"Our need to be understood by others; our need to understand others." インターパーソナル・コミュニケーションにおけるもっとも基本的な欲求。

たいということになるだろう。最初に紹介した貴子と弘のやりとりも自分のニーズを相手に理解して欲しいという基本的なインターパーソナル・ニーズが満たされていないことが問題なのだ。


「子どももやっと手が離れたし、そろそろ仕事をしようかしら」

「別にいいじゃないか。俺の稼ぎで十分生活できるんだし」

「でも、以前働いてた建築事務所から戻ってこないかって言われてるの」

「やめてくれ。女房を働かせてるなんてみんなに知れたら俺が笑いものになるだけだ」

「あなたはやりたいこと自由にやってるからいいけど、私のことはどうなの？」


ここで注意してもらいたいのは最後の妻の一言だ。「私のことはどうなの？」これが妻のニーズが満たされていないことを示すシグナルだ。「私のことも少しは考えて」、「どうせ私のことなんかどうでもいいんでしょ」などバリエーションはいくつかある。共通するのは、このいずれも「自分の方をもっと見て欲しい。自分のニーズにも気を配って欲しい」という「私」の心の悲痛な叫びなのだ。

このほかにもニーズが満たされないことによって引き起こされる、好ましくないコミュニケーション・パターンがある。まず、「私がこんなふうになったのも、みんなあなたのせい」と相手に対して攻撃的、批判的になることだ。特に困ってしまうのが、八つ当たりをする人である。自分は関係ないのに、不機嫌な人の標的になってしまい、閉口する。これと正反対なのが、内にこもってしまい、インターパーソナル・コミュニケーションを拒否するというパターンだ。子どもが学校に行くのをいやがったり、夫婦の会話が少なくなるといった兆候は危険信号だ。また、私たちはある種のニーズが満たされないと、別の種類のニーズでカバーしようとする傾向もある。会社での人間関係で満たされていない分、仕事に打ち込み、業績をあげることで**何とか帳尻を合わせようとする**人もいるだろう。また対象を変えることで対処しようとすることもある。夫との関係に不満な妻が、子どもとの関係を良好に保つことで**埋め合わせをする**ような場合がこれにあたる。ニーズが満たされず、原因となっている現実を直視することがあまりにもつらいと、一種の「**幼児化現象**」が見られることもある。悪ふざけや冗談ではぐらかすなどの行為

何とか帳尻を合わせようとする
↓補償(compensation)と言う。

埋め合わせをする
↓代替(substitution)と言う。

幼児化現象
↓退行化(regression)と言う。

は、原因から目をそらすための一つの手段なのだ。さらに、「部長は俺のことが嫌いなんだ」というふうに自分の感じている不満の原因は相手の自分に対する態度にあると結論づけることもよくみられるパターンだ。最後に、「**自己の正当化**」というのは、自分は悪くないという考え方を前提として、自分の欲求不満をいかにももっともらしい原因に帰すことだ。自分の指導力不足のために部下をまとめられない上司が「最近の若い連中は扱いにくくて困る」などとこぼすのがこの例だ。

いずれにしても、このようなコミュニケーション・パターンを自分が取っていたり、相手にその傾向が見えたりしたらすぐに原因究明と問題解決を図るべきだ。それもひとりでやろうとしてはいけない。重要なのは自分のニーズを知り、相手のニーズも適切に理解し、インターパーソナル・コミュニケーションによりお互いのニーズの満足を図ることなのだ。

ニーズのヒエラルキー

人間の欲求には段階があると考えたのは心理学者の**アブラハム・マズロー**だ。梯子を昇っていくように、私たちは下位の欲求からスタートし、

自己の正当化
→ rationalization

アブラハム・マズロー
→ Maslow, A. (1970). *Motivation and personality.* New York: Harper Collins.

上位のより抽象度の高い欲求を順々に満足させていくという考え方だ。

第一段階　生物的・生理的欲求

これは食べ物、水、空気、その他人間が生きていくために必要な欲求のレベルである。

第二段階　安全・安定の欲求

これは身の安全の保障、庇護、恐怖や不安からの保護その他を求めるレベルである。

第三段階　愛と集団帰属の欲求

これは友情、愛情、人間関係、周囲から受け入れられたい、相手を受け入れたいという欲求である。インターパーソナル・ニーズの中心になるもの。

第四段階　自尊心・他者からの評価に対する欲求

これは自分の価値を認めて欲しい、相手の価値を認めたい、尊敬したい／されたいというもののほか、能力の発揮、評判、権力、地位、名声についての欲求などが含まれる。

第五段階　美的・知的なものに対する欲求

知識、理解、善、正義、美、秩序、バランスといった価値を追求し

たいという欲求

第六段階　自己実現の欲求

これがマズローのいう、人間存在にとっての究極のゴールである。「自分の潜在能力をフルに発揮して、自分がなりうる最高の人間になることである」と定義されている。第一段階から第三段階までを「**基本的欲求**」、第四段階と第五段階を「**成長欲求**」と捉えているが、「**自己実現の欲求**」は別格と捉えている。自己実現はあくまで努力目標であって、自分が本当に自己実現を達成したかどうかは、その時になるまでわからないとされている。

基本的欲求は欠乏欲求であり、これは全ての人間にとって満たされていることが当然であり、そうでないと大きな問題を引き起こすものだ。一方、成長欲求は必ず満たされなければ支障が出るという性質のものではなく、人がより高いレベルに到達したい、人間的に、より一層成長したいと思った時にはじめて出てくる欲求である。

マズローの理論は科学的根拠が乏しい、彼自身の個人的体験や直感に基づくものにすぎないとの批判もあることも事実だ。でも、人間が生きていく上で、衣食住だけが満たされているだけでは人間的成長は望めな

基本的欲求
→ basic needs

成長欲求
→ growth needs

自己実現の欲求
→ self-actualization need

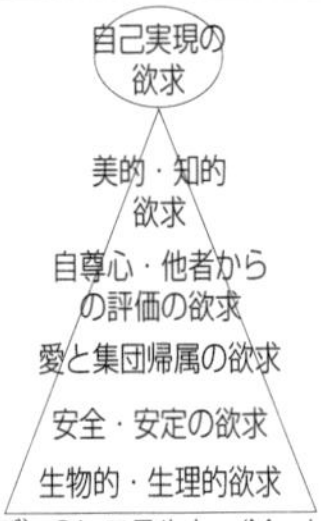

欲求（ニーズ）のヒエラルキー(Maslow, 1970)

い。人間関係に関わる欲求、社会的地位や名誉欲、美的・知的な欲求をも全て満たされた時に、人は自己実現を達成することが出来るといわれると、とても説得力がある。

アフリカで飢餓に苦しむ子どもたちや、常に戦火が絶えず命の危険を感じながら生活しているボスニアの人たちは、マズローの第一段階、第二段階の欲求すら満たすことが困難な状態だ。だから人間的な尊厳や人間的成長の欲求の充足など考えられるわけがない。

平均的日本人が置かれている状況を考えてみると、蛇口をひねればきれいな水が出てくる、「飽食の時代」と言われるように食べ物はふんだんにあるし、「**うさぎ小屋**」とはいえ住むところもある。また、世界の中でも治安は良い方だ。第一段階、第二段階の欲求水準はなんなくクリアできる。だから私たちの多くは第三段階と第四段階あたりでうろうろしているのだろう。物質的に満たされてはいるが、人間関係には何となく満ち足りなさを感じていたり、また家族や友達には恵まれているが自分でこれから何をしていったらいいのか、キャリアにせよ、生きていく目標みたいなものが見えてこない。そのために自分に自信が持てなかったり、周囲から努力を認めてもらえないという不

うさぎ小屋
→現代日本の住宅事情を皮肉った表現。小さくて狭い住宅のこと。

満を持っている人が多いのではないだろうか。

マズローは前段階の欲求を満足しないまま、次の段階の欲求を満たすことは難しいと言う。日々の食べ物に困る、あるいはいつミサイルが飛んできて殺されるかわからないような状況では、とても他人とのつながりや優しさ、愛情について考える余裕はない。しかし私たちはこのことをつい忘れてしまう。「恋人もいないし、当面結婚の予定はない。家族の反対を押し切って東京で仕事を続けている以上、親には弱音は吐けない。だから自分は東京で頑張るしかない。来年は社内の昇進試験を受けてみよう」と考えている人は第三段階の「愛と集団帰属の欲求」を飛び越して、第四段階の「自尊心・他者からの評価に対する欲求」を無理に充足しようとしているのだ。この状態を、ある程度の期間維持することは不可能ではない。ただし、これを長期間続けようとするのは決して健全な状態とは言えないのではないだろうか。同じように、受験勉強に支障があるからといって、「合格するまで会わないようにしよう」とボーイフレンド／ガールフレンドに宣言したところで、勉強がはかどらないことは私たちも経験している。たまには会って話をしたり、息抜きに一緒に遊びに行ったりするほうが結果も良かったりすることもある。
私たちもマズローの言うように、一段一段階段を上っていくように、第一段階目から先を急がず、着実に自己の欲求を満たしていき、最終的に自己実現をめざすのがよいだろう。そして、各段階の欲求の充足にはインターパーソナル・コミュニケーションが不可欠であることもしっかりと、心に留めて置いてほしい。

シューツの理論

ウイリアム・シューツの理論はインターパーソナル・ニーズを的確に捉えたものだ。シューツはインターパーソナル・コミュニケーションを通して私たちが充足を試みるニーズには基本的に三種類のものがあるという。
まず、「参加の欲求（inclusion need）」、「愛情の欲求（affected need）」、そして「管理の欲求（control need）」の三つである。そして授受の関係を加味して全部で六種類のインターパーソナル・ニーズのパターンを定義している。つまり、「え、みんなで飲みに行くの？　私も行ってもいい？」というのは「自分が参加をしたい、仲間に入りた

ウイリアム・シューツ
→Schutz, W. (1980). *FIRO: A three dimensional theory of interpersonal behavior*. New York: Holt, Reinehart, Winston.

いという欲求」であり、「金曜日に課の女の子で新しくできたイタリアン・レストランに行くんだけど、一緒に来ない？」というのは「他者も参加させてあげたい、自分の仲間に入れてあげたいという欲求」である。「愛情の欲求」についても、同じパターンが考えられ、「自分が愛されたい（敬慕されたい）という欲求」もあれば、「自分が誰かを愛したい（敬慕したい）という欲求」もある。「管理の欲求」についても、「相手を管理したい欲求」と「相手から管理されたいという欲求」が存在する。何でもかんでも自分で仕切らないと気が済まない人は「相手を管理したい欲求」がはなはだ強く、一方「昼飯おごるけど、何がいい？」と聞かれて、「何でも結構です。おまかせします」という人は逆に「相手から管理されたい欲求」が強い人なのかもしれない。

家庭、職場、学校などあらゆる場所で、上司、同僚、友達、夫婦、兄弟、その他の人間関係の中で、これら六パターンのインターパーソナル・ニーズがいろいろな形で影響を及ぼす。

満たされた関係とは？

満たされた人間関係を築きたい。これは、私たちが誰しも望むことだろう。私たちのニーズが満たされれば充足感が得られることは間違いない。では、どうすればよいのか？　マズローとシューツの理論に基づいてその答えを探ってみよう。まず、マズローの「欲求のヒエラルキー」で、最も大切なことは、お互いが同じレベルにいることだ。最初にあげた弘と貴子のやりとりをもう一度見て欲しい。「欲求のヒエラルキー」上で、明らかにふたりのいる位置が違ってしまっている。繰り返しになるが、弘の方は、卒業研究で教授に認めてもらいたい、大学院に進学してもっと勉強をしたい、つまり自分を高めたいという第四段階「自尊心・他者からの評価に対する欲求」のレベルにいる。一方、貴子は弘が自分と会ってくれないことを不満に思っている、つまりまだ第三段階「愛と集団帰属の欲求」のレベルに止まっている。この微妙なズレにお互い気づかないとしたら、ふたりともどうして自分の気持ちをわかってくれないのだろうという不満が高まるだけである。

さらに、弘も貴子も自分のニーズをシグニフィカント・アザーであるはずの相手との関係の中で満たせていない。特に弘の方は、自分の現在のニーズを満たすことが出来るのは指導教授であって、貴子ではない。貴子のニーズも、弘との関係が今の状態では満足させることは不可能である。

したがって、このふたりの関係は極めて不安定になってしまっている。家族関係、友人関係、恋愛関係等でニーズのズレが生じることがよくある。そのような事態になったときにきちんと話し合ったり、アフターケアをすることが将来の人間関係を左右するポイントになるのだ。

一方、シューツの理論はインターパーソナル・ニーズをはっきりと意識したものである。人間関係における相性の問題は、だれでも関心があるだろう。血液型や星座、性格など、相性を占う基準はいくつかある。しかし、インターパーソナル・ニーズに基づく相性診断はふたりの今後を占う上で非常に大きな意味を持つものだ。どういうニーズのパターンの組み合わせが最も精神的に満たされた関係か、また逆にどういう場合に少なくとも一方が欲求不満の状態になってしまうか、これをシューツの理論に基づいて分析してみることにする。

まず、「参加の欲求」について考えてみよう。自分が仲間に入りたい、相手を自分の仲間に入れてあげたいという欲求がどちらも弱い人同士はまずそもそも人間関係を始めることからして難しそうだ。グループに所属することに消極的で、さらに何かイベントに誘ったり、誘われたりということがないからだ。このふたつのパターンの「参加の欲求」のうちの少なくともどちらかが高ければ、大いに可能性が出てくる。そしてその関係は**相互補完的だ**。磁石のＮＳ極と同じだと考えればよい。自分が仲間に入りたいという欲求が強い人は、逆のパターンの人、つまり相手を自分の仲間に入れてあげたいという欲求が強い人とならばうまくいくだろう。でもこのままだとどちらかがいつも誘って、もう片方はいつも誘われる役というふうに一方的な関係になってしまうので注意が必要だ。自分が仲間に入りたいという欲求も相手を自分の仲間に入れてあげたいという欲求も強い人がこのどちらかのニーズしか強くない相手とつき合ったりすると次第に欲求不満になる可能性もある。だから、理想的には「参加の要求」のふたつのパターンがともに強い者同士がよい。こういう形であれば、役割の交代が適当に出来るので、長続きするだろう。

「愛情の欲求」についても同様の考え方が出来る。ふたりとも愛されたい欲求と愛したい欲求を同じくらい強く持っている場合が理想的で、最高に幸福なカップルだと言える。逆に最悪のパターンが、ふたりとも愛されたい欲求のみが強くて、愛したい欲求がそれほどでもない場合である。相手にしきりに愛情を求めるが、相手からは十分な愛情が得られない。ふた

相互補完的だ
→お互いが相手に欠けている部分を補い合う関係(complementary relationship)。

りとも欲求不満が募るだけである。それなら愛されたい欲求のみ強い人と愛したい欲求のみが強い人がつき合う方がまだましだ。ただし、どちらもこのパターンを変えることがないというのが条件になる。パターンが変わって、これまで弱かった方のニーズが強まれば、とたんにバランスが崩れてしまう。希なケースだと思うが、どちらも愛したいという欲求のみが強い場合は、相手の反応は「どうしてこんなに私によくしてくれるのだろう?」とうれしい気持ちが半分、とまどいの気持ちが半分というところだろう。相手が優しくしてくれることがあまり理解できないし、特に愛情を注いでもらったことで感激もしないだろう。ただし、自分の愛情を相手が十分受けとめてくれていると信じている限りは、うまくいくかも知れない。つまり、見返りを求めることなく、相手につくすことで満足が得られるタイプの人であれば問題はないかもしれない。

「管理の欲求」はちょっと違ったパターンになる。まずうまく行かないのは管理したい欲求のみが強いふたりである。**権力抗争にまで発展するかも知れない**。仕事のチームにこのような人達がいるとまわりが迷惑する。一隻の船にふたりの船長はいらない、そんな感じである。相手から管理されたい欲求だけが強いふたりの関係も、おかしなもの

権力抗争にまで発展するかも知れない。
→このように似通ったコミュニケーション・スタイルを持つふたりの関係を対称的人間関係(symmetrical relationship)と言う。競合関係が生まれる確率が高い。

になる。ふたりとも相手に意思決定をまかせようとするので、いつまでたっても何も決められない。こんなふたりがデートをしたとしたら、何もしないで一日終わってしまうかもしれない。では、管理したい欲求が強い人と相手から管理されたい欲求が強い人の人間関係はどうだろうか？　これは典型的な主従関係である。このような関係は従う側の意識に変化がない限り、安定していて長続きするものである。

日本の家族関係も伝統的にはこのような形であったし、つい最近までそれが当然のことのように考えられてきた。しかし、主として「従」の役割を演じていた側の意識と社会の変化によって日本の家族関係はかつてとは違ったものになりつつある。今は過渡期にあるといってよい。今後の展開が興味深いが、理想的なのは、「管理したい欲求」も「管理されたい欲求」も強い全ての当事者が、それぞれの専門領域をはっきりと認識し、お互いの欲求が衝突することのないようにうまく舵取りができている人間関係である。このような対等の関係を基本とし、かつお互いの得意分野に応じて分業を行なうより望ましい人間関係が最近若い世代のカップルを中心に増えてきているという印象である。

充足された人間関係では、ニーズが過不足なく満たされなければならないことをここで指摘しておきたい。わかりやすく、食べものを例にあげて説明しよう。おなかがとても空いているのに出てくる料理が少なければ、**空腹感は満たされない**。では、逆のケースはどうだろうか？「おなかがいっぱいで、もうたくさん」というのに次々に料理が運ばれてきたら、私たちはそれがどんなにおいしい料理であっても味わう気分にはとてもならないだろう。無理をすればおなかを壊してしまうしれないし、ダイエット中の人にとってはつらいことこの上ない。インターパーソナル・ニーズについても同じことが言える。私たちは知らないうちに、相手が必要としている以上の愛情を注ごうとしてしまったり、世話を焼いたりして、**相手を「息苦しく」させてしまうことが少なくない**。

「あなた、ひとり暮らし大変じゃない。全然部屋の掃除してないでしょ。掃除機はどこ？　おかあさんが部屋の中片づけてあげる。洗濯物たまってるんだったら、出しなさい。仕事があるんでしょ。早く出かけなさい。遅刻しても知らないわよ」

「おかあさん。早く家に帰ったら？　お父さんが待ってるんでしょ」

空腹感は満たされない
↓欲求の充足が不十分な状態(need deprivation)がこれである。

相手を「息苦しく」させてしまうことが少なくない
↓need suffocationと言う。

「お父さんのことはいいのよ。おかあさんはあなたのことが心配なんだから」
「わたしだったら大丈夫。気にしないでちょうだい」
「なんなら、あと二、三日こっちにいてもいいのよ。今日、遅くならないでしょ。お夕飯作って、待ってるわ。あなたの好きな肉じゃが」
「おかあさんたら・・・」

この例の場合、娘はすっかり自立している。母親にべつに世話を焼いて欲しくないと感じている。一方、母親は娘に対して、愛情を注ぐこと、つまり「愛したい」という欲求が強いのである。ここで、注意したいことは、「愛されたい欲求」が潜在的に強い場合に、その裏返しとしてこのようなパターンに陥ることが多いことだ。人に対してあれこれアドバイスをしたり、世話を焼いたりする人は、実は相手から「愛されたい欲求」が強く、自分の方から愛情をかければ、相手も同じように自分を愛してくれるはずだと密かに期待している。その期待が裏切られた時、「かわいさ余って、憎さ百倍」ということにもなりかねない、極めて不健全な人間関係である。

ニーズに基づく相性診断を、この機会にやってみてはどうだろうか？

コラム
不健全な人間関係とは？
→これを共依存(co-dependency)といい、愛情という名のもとの「支配」と捉えることができる。最近、成人しても「親離れ、子離れ」が出来ない親子が少なくない。子どもは生活の面倒を見てもらうために親に依存し、親は子どもから頼られることによってはじめて安心するのだが、そのような関係が崩れることを恐れるあまり、相手を束縛してしまうことが問題である。

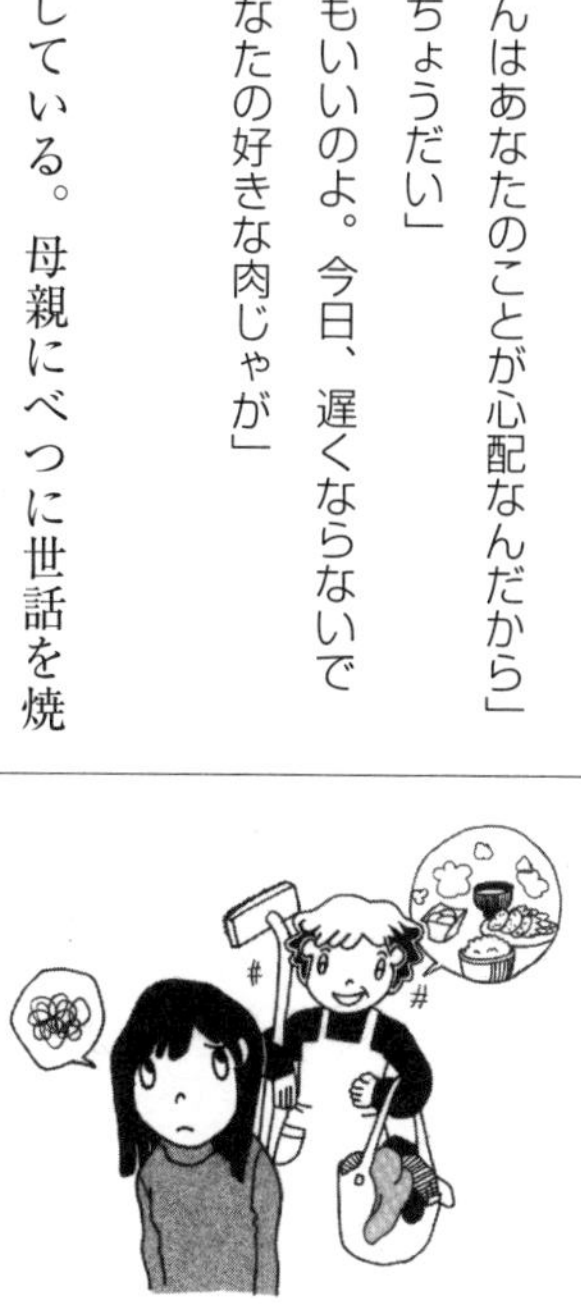

そして、インターパーソナル・ニーズのパターンを必要に応じて修正してみると、より満足度の高い人間関係が築けるだろう。もちろん、自分ひとりで変えようとしてもバランスが崩れるだけである。こんな時こそ、インターパーソナル・コミュニケーションの力を借りるのだ。

ニーズをはっきりと伝えること

これまで見てきたように、私たちのニーズは個人のレベルでのみ捉えるだけでは不十分なのだ。ニーズは自分の力だけで満たすことは出来ない。十分にニーズを満たすためには他人の助けが必要で、そのためには自分のニーズを正確に把握し、それをインターパーソナル・コミュニケーションを通して相手に理解してもらうとともに、相手のニーズも理解しようとしなければならない。このルールを守らないと、様々な問題が出てきてしまう。

相手に自分のニーズを正確に伝えることも、インターパーソナル・コミュニケーションの大切な役割なのだ。ニーズについても「相手に理解してほしい」、「相手を理解したい」というのが私たちの基本的なインターパーソナル・ニーズなのだ。逆に考えれば、私たちが人間関係で感じる欲求不満の多くは、自分のニーズをはっきりと相手にわかってもらえるように伝えていないからだとも言える。


「どうしたんだ。雅子。お前、最近、機嫌が悪くないか？」

「別に大したことじゃない。心配しないで」

「俺がなんかしたか？　話してみろよ」

「あなたに話してもわかってもらえないと思う。景子に相談してみる」

「俺はお前の夫なんだよ。どうして、俺に話せない」

「男の人じゃどうせわかってもらえないから」

「？　？　？」


雅子は夫に対して何か不満を持っているようだ。しかし、それをズバリ指摘することはしていない。何となく、ほのめかしているが、はっきりと何が問題なのかを言っていない。これでは夫の方は、何がなんだかわからない。不機嫌な妻を前にして、相談に乗ろうとしても、どうして良いかもわからず途方にくれてしまうことだろう。「なぜ女友達に話せることが、夫の自分に話せないのか」、「それはどういうことなのか？」と不審に思うのも無理はないのだ。この例のように私たちは、自分のニーズを曖昧にしか伝えていない場合がほとんどではないだろうか。こうなってしまうのは自分のニーズが何か、自分でもはっきり見えてこないからかもしれない。同時に人間として当然持っているはずのニーズを「自分には存在しない」でかたくなに否定していないだろうか？　さらに、自分が求めているものが相手にもわかっているはず、という前提で人間関係を始めていないか、一度チェックする必要があるだろう。相手にも、特にそれが先の例に出てくる夫のようにシグニフィカント・アザーであれば、あなたが心の中でどう思っているか、感じているか「知る権利」があること、またあなたのニーズの満足にある意味で責任があること、またその責任を全うしたいと思っているかもしれないということをきちんと認識すべきだろう。繰り返しになるが、お互いが本当に求めているものを満たしあう関係を築くことが、インターパーソナル・コミュニケーションの大切な目的のひとつなのだ。

第９章
人間関係の発展プロセス

出会い、そして別れ。私たちが一生のうちに何度も経験することだ。今、とても親しい関係にある友人、恋人、配偶者、どの人とも最初は赤の他人であった。それが何かのきっかけで知り合い、引きつけあい、そして親密な関係を築いていくのだ。その過程はいばらの道であったり、険しい上り下りがあったり決して平坦ではない。でも、真っ暗なトンネルを抜けるとそこには、一面のお花畑が開けているような、うれしい驚きもあったりする。インターパーソナル・コミュニケーションはその中でお互いをもっとよく知るために、そしてまた人間関係をスムーズに発展させていくために重要な役割を果たしているのだ。

人間関係は時間とともに発展する可能性を秘めている。しかし、残念ながら全ての出会いが親密な関係にまで発展するわけではない。一度の出会いだけで終わってしまうものもあり、また何十年も続いていた関係がある日突然終わりを告げることもある。またそれまでただの友達だったのが何かの拍子で急接近することもあれば、夏の打ち上げ花火のように一瞬盛り上がったものの、すぐに熱が冷めてしまう関係もある。

私たちは自分が大切と思える人間関係を発展させたいと思っている。そのためには、人間関係の発展のプロセスについて正しい知識と理解を持っていることが前提となる。そのあたりを詳しく見ていくことにしよう。

人の「魅力」とは?

人間関係のスタートは第一印象で決まる。「素敵な人」、「かっこいい!」、「この人となら・・・」、こんなプラスのイメージを持ったら、相手に魅力を感じた証拠なのだ。ところで「魅力」とは何だろうか?

正確に定義することは難しい。人と人とを引きつけあう磁力のようなもの、理性よりも感性に訴える相手の個性的特徴、「セックス・アピール」、といったふうに漠然と理解しているのではないだろうか。私たちはだれも「魅力ある人間」になりたいと思っている。でも人の「魅力」は様々な要因に左右される。全ての人にあてはまる「魅力の処方箋」のようなものは残念ながらないのだ。

魅力は万国共通のものではないし、時代によっても変化する。「世界三大美女」とは誰のことを指すか知っているだろうか? 答えは、中国の楊貴妃、エジプトのクレオパトラ、そしてわれらが日本代表、小野小町の三人だ。なるほどと納得する人もいれば、「え？　どうして？」と驚く人もいるだろう。ダ・ヴィンチの絵の中で微笑む有名な「モナリザ」に限らず、ルネッサンス絵画に描かれる女性は一般にふくよかである。顔が小さく、すらりとした女性が理想とされる現代の美人の基準からは外れる感じがする。日本でも平安時代の女性は同じような傾向が見られるし、江戸時代の女性のファッションだったお歯黒が魅力的と感じる人も、いまはほとんどいないのではないだろうか。それぞれの時代でどういう人が「魅力的」であるか、その基準が大きく変化するのだ。この意味で、雑誌のグラビアを飾るタレントやモデルの変遷を見てみるのもおもしろい。

「魅力」はまた文化的価値観でもある。もちろん見た目の美しさばかりではないが、ある文化で美しい、魅力的だと評価される人間が、別の文化では全く評価されないという例は多い。

おもしろい例を挙げよう。バービー人形を知っているだろうか。アメリカ生まれだが、世界中にファンがおり、古いものは今やコレクター・アイテムとなって、プレミアがついているものもある。その昔、「アメリカでそんなに人気があるのなら日本でも売れるだろう」と考えて、バービー人形を日本に輸入して売り出したのだが、さっぱり売れなかったという。金髪で、青い目の、脚の長い、グラマーな女の子の人形が、なぜ日本で売れなかったのか？　アメリカ人の女の子の目には魅力的に映るそのような特徴が、日本人の女の子には全くアピールしなかったのだ。「美」や「魅力」は文化的価値観であることに気づかなかったために、輸入業者の思惑は外れてしまった。純日本製の「リカちゃん」人形も、コンセプトはバービー人形と全く同じである。しかしこちらは、日本人の女の子が「かわいい！」と思う特徴を持っている。機会があったら、バービーとリカちゃんを並べて、比較してみたらおもしろいだろう。

　もうひとつ例を挙げよう。「ムーミン」というアニメを憶えている人も多いことと思う。そもそもフィンランド製の童話の主人公だが、日本のTVに登場したムーミンが、実は日本向けに修正されていたことを知っているだろうか。原作のムーミンは目がつりあがって、どちらかというと「こわい」というイメージのものであった。日本人の子ども達にはそれでは受けないと考えた日本側の制作会社がたれ気味の大きな丸い

コラム
ムーミン

↓実はムーミンは日本で二度アニメ化されている。一度目は一九六九年〜一九七二年までフジTV系で「ムーミン」のタイトルで放映されたものである。原作者のトーベ・ヤンソン(Tove Jansson)はこのアニメ作品の出来に納得がいかなかったようだ。二度目は一九九〇年にテレビ東京系で「楽しいムーミン一家」のタイトルで放映された。こちらの方はヤンソンとの綿密な打ち合わせが事前に行われ、原作者の意向が尊重された仕上がりで、とても喜んでいたということだ。

目をした、ずんぐりした体型の、見るからに愛くるしい容姿のムーミンに変えてしまったのだ。その結果、日本でムーミンのＴＶアニメは高視聴率を記録し、ヒット作となった。しかし、原作者からは十分な協議をせずにイメージを改ざんしたとクレームがついてしまったのである。一時は、日本ではムーミンが見られなくなるかもしれないというところまで、問題はエスカレートしてしまった。これは事前に原作者と十分コミュニケーションをしていれば避けられた問題だったとは言え、日本とフィンランドでは「美」や「魅力」の基準が違っていたことが元々の原因であったことも忘れてはならない。

もちろん、文化が同じであってもどんな人が「魅力的」であるかは、かなり個人的な嗜好が影響する。もし世界中の全ての人が全く同じ基準で人の「魅力」を判断したら、大変なことになるだろう。「魅力」の絶対的基準に合致したごく少数の人たちを巡って何人もの人が争い、世の中が大混乱になるかもしれない。それぞれがある程度違った基準をもっているから、それぞれ違った対象に魅力を感じ、バランスがとれているのだ。

人はなぜ引きつけあうか？

インターパーソナル・コミュニケーションでは、状況やコンテクストが重要である。特に相手との人間関係が、相手を「魅力的」であるかどうかを判断する際のコンテクストとなる。よく雑誌などの読者アンケートで、「上司にしたいタレント」とか「恋人にしたいタレント」などのランキングを調査することがある。発表された結果を見てみると、想定する人間関係で、上位の顔ぶれがかなり異なることがわかる。これは「理想の上司」と「理想の恋人」では、やはり魅力の判断基準が異なることを示すものだ。これが「親」、「先生」、「同僚」でもずいぶんと違ってくるのは間違いない。

とはいえ、人の魅力も印象の一部であるから、やはり容姿や体格といった外見、性格、コミュニケーション・スタイル等が最初の出会いの段階では大きくものをいう。中でも一瞬のうちに判断できる**外見・容姿**にまずどうしても目がいってしまうのは無理のない話かもしれない。これで騙されて、後でほぞをかんだ経験をした人も少なくないのではないだろうか。

コラム

理想の上司

↓理想の上司をタレント・スポーツ選手に例えると

（男性）	（女性）
1位　池上　彰(33)	1位　天海祐希(56)
2位　所ジョージ(31)	2位　真矢みき(34)
3位　堤　真一(18)	3位　江角マキコ(27)
3位　阿部　寛(18)	4位　菅野美穂(25)
3位　イチロー(18)	5位　篠原涼子(21)

二〇一一年度産業能率大学の調査結果。四月入社の新入社員三九四人（男性二九一人、女性一〇三人）が対象。

（）の数字は得票数を示す。

他の調査結果も参考のために挙げておこう。二〇一一年二月に発表されたビデオリサーチ社の第77回「テレビタレントイメージ調査」の結果を見ると、男性タレント部門では、明石家 さんま、阿部 寛、イチロー、所ジョージ、石塚 英彦、女性タレ

まず「自分の好みのタイプかどうか」という漠然とした選択基準でふるいにかける。意識していないかもしれないが、頭の中のチェックリストにチェックを入れていくのだ。出会いの最初の段階を「オーディション」に例えることもできる。お互いの「好みのタイプ」、つまり「魅力の基準」に合うかどうかが、この「オーディション」の合否のわかれ目になるのだ。

物理的・心理的距離も重要なファクターだ。よく、友達や恋人が欲しければ「半径2メートル以内を探せ」と言う。「灯台下暗し」、つまり、自分と相性のよい人間がすぐ近くにいる可能性が高いということだ。事実、同じ職場の人や大学時代のサークル仲間と結婚するケースは多い。逆に、遠距離恋愛が実る確率が比較的低いというのも、距離が大きな障害となることを示している。自分の友達のことを、ちょっと考えてみてほしい。クラスやゼミが一緒だった、サークル仲間、会社で同じ課である、幼なじみで家が近かった・・・等、やはりお互いの距離が近いことが大きく影響しているのではないだろうか。人間関係を発展させるためには多大なエネルギーを消費する。時間的な制約もあるのだから相手が

ント部門では、浅田 真央、天海祐希、ベッキー、DREAMS COME TRUE、菅野 美穂がそれぞれ知名度・人気度・イメージ評価の総合ランキングで1位から5位を占めた。（東京駅中心半径30キロ圏に在住の満10歳から69歳の男女一二三二名対象の調査）

外見・容姿
→ physical attractiveness

近くにいるに越したことはないのだ。

アメリカの大学の寮で行われた調査によれば、ルームメートを別にして、交友関係は同じフロアで、しかも自分の部屋から近いところの部屋に住んでいる人に集中しているという結果が出た。近ければ近いほど友達になるには有利であるし、より親密な関係も築きやすいということだろう。

もちろん、ただ近くに居ればいいのではない。距離が近いというのは必要条件ではあるが、十分条件ではない。距離が近ければそれだけコミュニケーションのチャンスが増えるというのが本当の理由なのだ。第一印象がそれほど強くなくても、コミュニケーションが頻繁に、かつ容易に行えれば、長い時間をかけてお互いをよりよく知ることが出来る。このようにして相手の人柄がよりはっきりわかれば、安心感につながることだろう。また、ちょっと気になる人等はちょくちょく見かけたり、会う機会さえあれば、何気なく言葉を交わしてみたりして、人間関係を始めることもできる。相手に気に入られたいと思ったら、まず相手の視野に頻繁に入ることをおすすめする。100％の成功率は保証できないが、自分の存在をアピールせずには何も始まらない。あとはあなたの努力次第だ。

アメリカの大学で行われた調査
→Festinger, L., Schachter, S., & Back, K. (1950). *Social pressures in informal groups*. Stanford, CA: Stanford University Press.

自分の良いところをきちんと認めてくれる人の方が、自分をけなしたり、批判ばかりする人よりも良いに決まっている。人間関係を経済の法則で考えれば、最少の投資で最大の利益が得られる関係がいちばんいい。私たちが人間関係に投資するものは時間であり、お金であり、自分の感情である。自分が損をしている、十分な見返りがないと感じた瞬間に、相手に対する気持ちが萎えてしまうこともある。その人間関係から何か得るもの（**有形／無形の報償**）があると感じている間は、お互い相手に対して魅力を感じているのだろう。あまりにも現実的でいやだと思うかもしれないが、こういう考え方も確かに成り立つのだ。

似たもの同士の謎

「似たもの同士」が引きつけあうか？　この疑問に対する明確な答えはない。「イエス」とも言えるし、「ノー」だとも言える。全ては様々な要因に左右されるとも言える。最近は、男女の出会いの場が多様化し、いわゆる結婚情報産業が花盛りだ。年齢、職業、家族構成から性格、趣味、価値観に至るまで、ありとあらゆる項目についての情報をファイルしておけ

有形／無形の報償
→ tangible/intangible rewards. 人間関係は報償(reward)がコスト(cost)を上回っている限り、持続するという考え方をsocial exchange theory（社会的交換理論）と言う。

ば、自分のプロフィールと合った相手を紹介してくれるというシステムだ。昔は、世話好きなおばさんや近所の人がやっていたことを、今や会社組織が肩代わりしているということなのだろう。また、最近の若い世代は自分の理想の相手を、本来だったら知り合うチャンスすらないグループから選ぶことが可能、ということからこのようなサービスを利用している。いずれにしてもこのようなシステムでもカップルのマッチングの基本は、プロフィールが**似ているもの同士の方がうまくいく可能性が高いという原則**に基づいている。この点については様々な研究が過去になされており、国籍、人種、身体的特徴、知的レベル、物事に対する姿勢、価値観、信条、コミュニケーション・スタイル、自己評価、社会階層（家柄）などは、むしろ似ている方がお互いに魅力を感じる可能性が高くなるという結果が出ているので、理にかなったアプローチであると言えよう。確かに自分といろいろな点で似ている人の方がつき合いやすいし、相違点が少なければコンフリクトが起きる可能性が低いということはある。特に、考え方や価値観については、それが自分にとって重要であればあるほど同じでないとまずいということは言える。だからといって、自分とうりふたつのク

似ているもの同士の方がうまくいく可能性が高いという原則
→ matching principle と言う。

ローンみたいな人では何となく物足りないと感じるかもしれない。また自分自身でいやだと思っているところ、例えば、優柔不断であるとか時間にルーズだとかいうところは絶対に似ていてほしくないだろう。

むしろ違っていてほしい部分というのがあるのではないか。例えば、趣味や嗜好なども、重なる部分と違った部分があったほうがふたりの世界が広がるだろう。ふたりとも三度のご飯よりも映画が好きだという場合、デートはいつも映画を見て食事というパターンになるだろう。それはそれで楽しければ良いのだろうが、たとえば釣りに全く関心がなかった女性が彼に連れられてブラックバス釣りに行き、すっかり病みつきになってしまうなんてことも考えられる。この場合でも、釣りに一度行ってみたものの、全然興味を持ってもらえないのであればダメだが、自分の趣味の世界に相手を引っぱり込むことはふたりの関係がマンネリ化するのを防止し、関係に幅が出てくるという意味でも悪いことではない。

人間関係は相互補完的であると考えれば、自分にない特徴を持っている相手に引きつけられることが多いというのも当然だと理解できる。能力、性格、人柄、生き方でもそうだが自分が高い価値を置いていながら、自分にはないものを相手が持っている、そしてそれを自分も共有できる可能性があるようなケースでは、相手を最高に魅力的な存在としてみることができるだろう。これはインターパーソナル・ニーズについても同じことが言え、自分のニーズの満足の手助けをしてくれる相手に魅力を感じるのだ。

人間関係を発展させるということ

インターパーソナル・コミュニケーションの究極の目的は、自分が望むような人間関係を築くことだ。人間関係を「築く」ということは私たちが積極的に関与し、努力することを意味する。自分で行動する、自分から働きかけて結果を出すことを重視する欧米人と、伝統的に相手の動きを見ながら受け身の姿勢で物事に取り組むことを教えられてきた日本人とでは、人間関係に対する姿勢が違う。日本人にとって人間関係は「縁」によってある程度決まってしまうという考え方が現在でも根強い。「袖擦り合うも他生の縁」、「縁は異なもの味なもの」、「これをご縁に末永くおつき合いください」、「今回のお話はご縁がなかったということで、本当に申しわけない」というふうに人間関係の成否が当事者のコントロールできない、「縁」という不思議なものによって決まってしまうのだ。これは欧米人にはとうてい理解できない考え方だろう。英語では、人間関係（relationship）には創造する（create）、発展させる（develop）、形成する（form）、そして築く（build）という動詞が使われる。このことからもわかるように、欧米人は人間関係は自然に生まれ、育つものではなく、努力して作り上げていくもので、それを怠れば崩れさってしまう（broken relationship/broken heart）というふうに考えているのだ。インターパーソナル・コミュニケーションで積極的に人間関係を発展させていく欧米人のアプローチから、私たちが学べることも多いのではないだろうか。

人間関係の発展段階

インターパーソナル・コミュニケーションが人間関係の発展に果たす役割についての研究のなかで、特に興味深いのが**マーク・ナップ**の、人間関係の発展と解消のプロセスの研究だ。見ず知らずのふたり

マーク・ナップ
→Knapp, M. (1978). Social intercourse: From greeting to goodbye. Boston: Allyn and Bacon.

がはじめて出会い、人間関係を発展させ、最終的にゴール（例えば「結婚」）に到達するまで、そして不幸にも人間関係が解消する、つまりいったん人間関係を築いたふたりが別れるまでのプロセスをそれぞれ五つの段階にわけて、それぞれの段階で特徴的なコミュニケーションのパターンを説明したものだ。その後ナップの理論には様々な改良が加えられているが、ここではそれらを総括して説明してみよう。

新たな人間関係を始めるためには、当然、その人が誰か他の人とすでに何らかの人間関係によって**「拘束」されていないこと**が条件になる。例えばすでに結婚して、家庭を持っている人は、新たに恋愛関係を始めることは社会的に容認されない。一方、単なる友達関係は強い拘束力を持たないので、新しい関係を始める際の障害には、普通、ならない。いずれにしても、お互い新しい人間関係を始める意思があるかどうかの確認をすることがポイントになる。ここでいくつかの質問をしてみて、自分なりの答えを出しておくのがよいだろう。

1　新しい人間関係を始めることに自分は関心があるか？

2　どのような人間関係を自分は求めているか？（単なる友達、仕事のパー

・・・**「拘束」されていないこと**
↓つまり、「フリー」であること。

トナー、恋人、将来の伴侶？）

3　この人間関係に自分は何を期待するか？（一緒に生活／仕事を楽しむ、心の支え、信頼、対等な関係？）

4　自分の期待に応えてくれる人として、どんな人をイメージしているか？

5　そのような人で、アプローチ出来る人が実際に近くにいるか？

この段階ではあくまで自分だけの意思であり、期待である。相手がどう思っているかは未知数だ。それをこれからインターパーソナル・コミュニケーションで確認していくのだ。このプロセスは様々な人間関係で共通に見られるが、一番わかりやすい恋愛関係を例に、それぞれのステップを具体的に説明してみよう。

第一段階「はじめまして」

この段階ではまず多くの人との出会いを経験することになる。職場や学校、コンパ、パーティー、カルチャー・スクールなどを含め社会活動に積極的に参加することによって出会いのチャンスが生まれる。大学を卒業して社会人になったり、環境が変わったとたんに、新しい出会いを

第一段階
→initiating

数多く経験することも決してまれではない。ただし、「一目惚れ」や「運命の出会い」みたいなものを期待すると裏切られることが多い。挨拶や簡単な自己紹介などをしながら相手の第一印象を決めるのがこの段階だ。あまり真面目で堅い話題を会話の中で取り上げたり、深いレベルのセルフ・ディスクロージャーは行われないのが普通である。出来るだけ多くの人と出会い、第一印象と自分の選択基準に基づいて候補者を絞り込んでいくプロセスが、一般公募のオーディションに似ている。この段階で自分にとって魅力的に映る人、何となく気が合いそうな人、人間関係の次の段階に進んでもよいと考える候補者を結果的に数人に絞るのだが、ここで急いでひとりに絞るのは得策ではない。というのはまだ、これは「第一次選考」の段階だからだ。

もちろん、この段階で「オーディション」については特に意識しなくてもよいかもしれない。普通の生活をしていれば、学校、職場その他日常的な生活や活動の中で多くの人と出会うチャンスは多いし、こちらがチェックリストか何かで相手を評価していることがわかれば、かえって警戒されてしまうかもしれない。この段階では広く浅く関わりを持ちながら、可能性を探るというアプローチになるだろう。会話の内容も出身地、学生ならば大学、専攻、社会人ならば仕事のこと、趣味や共通の知り合いについての話題などで相手についての基本的情報を集めることが中心となる。恋愛関係の可能性を考えているのなら、この時点で未婚か既婚のチェックをする場合もあるだろう。

多くの出会いは、この段階以上に進むことはない。お互いが発展性がないと思えばそれで終わりとなる。あくまでもふたりが合意した場合にのみ次の段階へと進むことになる。「また今度会ってくれる?」、「いいよ」このやりとりが最終的になされるかどうかがポイントだ。要約すれば、この段階では日常会話のルールを逸脱することなく、比較的安全なトピックに限って会話が行われることが、コミュニケーションの全体的傾向として見られる。したがって、会話を継続出来る能力(話題が豊富である、話好きで聞き上手である)と自分のアイデンティティーを、いかに相手に効果的に伝えられるかが鍵を握るのだ。この段階では次のような会話が交わされるだろう。

「おはよう。君？　店長が話してた、今度新しく入ったバイトの子ってのは？」

「森山佐智子です。どうぞよろしく」

「こちらこそ。なにかわからないことがあったら、何でも聞いて。俺、ここ長いんだ」

「どうもありがとう。（胸の名札を見て）お名前は田中さん？」

「田中裕二。早稲田の政経の3年。サークルはテニス。君は？」

「学習院の英文で、3年生。趣味で演劇やってます」

「へえ、結構、お嬢さんだったりして」

「そんなことないです。あ、お客さんだ」

第二段階　「相性チェック」

オーディションに合格すれば、本当に自分が思っているような人か、本当に相性がいいかをじっくり見極める次の段階へと移行する。この段階で十分に時間をかけることが、後々後悔しないために重要だ。この段階では週に一度のデートなどコミュニケーションの機会を定期的に持つようになるとともに、会話はよりお互いのセルフコンセ

第二段階
→experimenting

プトを反映したものになる。性格、人柄、価値観、ライフスタイルなど、今後より親密な人間関係に移行するかどうかを決断するため、必要な情報を収集するとともに、お互いの見ている相手のイメージにズレがないかを確認する。「君はどんな生き方が理想なの?」とズバリ聞くこともあるかもしれないが、多くの場合は自分が水を向けたときに相手がどう反応するかをテストするというやり方が用いられる。この段階ではまだお互い傷つきたくないという気持ちが強く、「この話題はあまり興味がないらしい、じゃあこれならどうだろうか?」と試行錯誤をしながら相手が何を考え、どう感じるか探りを入れていくのだ。セルフ・ディスクロージャーも徐々に行われるが、この段階ではまだリスクが高いので慎重に行われる。

この段階では相手をひとりの個人として意識し、その人の社会的役割とは切り放して認識しようとする。例えばただの友達、サークルの「先輩」、職場の同僚などではなく、ひとりの異性として意識しようと試みる。それがうまくいくかどうかは、お互いが次の段階へ進むことを望んでいるかどうかにかかっている。先へ進むか、このレベルに止まるか、いずれにせよ、お互いの合意のもとに決断が下される。この段階で確認する重要なポイントは「重要な価値観、考え方、目標、そして関心事を共有しており、自分はこの人と今後も真剣な人間関係を継続できるか？」ということなのだ。コミュニケーションはプライベートな話題が多くなり、お互いをより深く理解しようとするパターンに変化する。その中で自分の相手に対する気持ちと同じものを相手が自分に対しても持っているかを確認しようとする。ここであせりは禁物だ。

佐智子と裕二の場合、この段階での典型的な会話の例は次のようになるだろう。


「（雑誌を見ながら）あ、また日本に来るんだ」

「え？　何？」

「アイアン・メイデン。私、昔からファンなんです」

「へえ、びっくり。君がヘビメタにハマってるなんて。全然見えない」

「そうですか？　こう見えても高校の頃、友達とバンドやってて、結構、いい線いってたかな」

「今も続けてるの?」

「音楽は好きですけど、バンドは止めました。プロには絶対なれないもの。私、歌詞の翻訳家とかになりたいんです」

「そうなんだ。俺も高校の頃は友達と歌ってた。チューリップとかのコピーだけどね」

「財津和夫でしょ?　わたしも好きですよ。何か趣味合いそうですね」

今後の展開がとても楽しみなふたりである。この短いコミュニケーションのなかにも、お互い好意を寄せ合っていることが手に取るようにわかる。

第三段階　「ふたりは急接近」

第二段階をクリアできる人間関係はそう多くない。幸運にもお互いの意思や気持ちが確認できたら、いよいよふたりの人間関係をさらに高い段階へと飛躍させることになる。この第三段階ではセルフ・ディスクロージャーが積極的に行われ、リスクを克服しながら信頼関係を築いていく。その過程で、お互いを親友、恋人といった「特別な存在」として認識する。コミュニケーション・パターンに見られる大きな変化としては、丁寧語や敬語が

第三段階
→intensifying

使われなくなる。また相手を「苗字＋さん／君」から下の名前だけ、それも呼び捨て、愛称、ニックネームで呼ぶようになるのも特徴的だ。男女間であればステディーな関係になり、その結果、他の異性との交際については制約が生じてくる。感情の高まりを経験するのも、お互いの気持ちを具体的に確かめ合うのもこの段階だ。「一緒にすること」のレパートリーがどんどん増えていき、共通体験をすることがインターパーソナル・コミュニケーションの大きな部分を占めるようになっていく。ふたりのあいだのパーソナル・スペースが急速に狭まるのだ。これは異性関係に限らないが、女性同士の友達関係に比べると、男性同士の場合はこの段階まで関係が進むことは非常にまれだ。


「佐智子。今度の休みに伊豆にドライブに行かない？」

「本当？　ふたりっきりで秋の伊豆か、なんだかロマンチック」

「おいしいもの食べて、温泉なんかも入っちゃおか」

「露天風呂がいい。あと、バナナ・ワニ園と恋人岬、鐘ならして恋人証明書もらおうよ」

「わかったよ。まだ三週間もあるのに、いまからはしゃぎすぎ」

コラム
男性同士の友達関係
男性は女性に比べて同性の友人とこの第三段階にまで関係が進むことはまれである。それは前にも述べたように、男性は感情のレベルでの共有をあまりしないことと、男性同士の人間関係は基本的にお互いをライバルと見る競争関係になりがちだということが影響している。また、男性同士の親密な関係が社会的に容易に受け入れられないことも理由であろう。

「だって、うれしいんだもん。裕二だってうれしいに決まってる」

幸せいっぱいという感じの佐智子と裕二である。この段階に入ると自分の視点ばかりでなく、相手の視点からも物事や状況が見られるようになる。このやりとりの最後の佐智子のコメントがこのことを示している。「共通体験」から「共感」への変化が体験できるのがこの段階でのインターパーソナル・コミュニケーションの特徴だ。

第四段階　「ふたりはカップル」

この段階では「私」と「あなた」という個人対個人の関係でなく、「私たち」という認識が深まる。カップルとしてふたりでワンセットという感じだ。何をするにも一緒、そして周囲の人たちもふたりの仲を認める。「今度、山崎のところで、鍋パーティーやるけどお前たちも来いよ」という感じになる。「ふたりの世界」を作り、ふたりだけが理解できる暗号のような言葉（「イート・イン」＝家で食事）や行動パターン（カラオケに行くと必ず、「アワ・ソング」をデュエットで歌う、など。）が生まれ、**ある種の「文化」**を形成し、ふたりのアイデンティ

第四段階
→integrating

ある種の「文化」
→relational culture といい、共通の価値観、考え方、信条、独特の言語・非言語コミュニケーション・スタイルなどが見られる。俗にいう「ふたりだけの世界」がこれにあたる。

ティーを確立するのもこの段階だ。また、相互依存の関係が強く意識されるようになり、自分のすること、決めること全てが相手にも影響を及ぼすことを十分に理解するようにもなる。


「裕二。話があるんだけど」

「なんだよ。あらたまって」

「私、大学の交換留学に応募しようと思うの。一年間なんだけど」

「いいんじゃないか。トライしてみれば?」

「裕二はいいの? 一年間は会えないよ」

「俺達、そんなことでダメにならないよ」

「ほんと? 待っててくれるよね」

「もちろん。頑張ってみろよ。応援する」

「ありがとう。裕二とふたりならきっとがんばれると思う」


この段階では、もはや自分の人生が自分だけのものではなくなる。自分のためだけではなく、相手のためにもがんばろうという気持ちが強まる。相手がいてくれてこその自分であり、お互いサポートしあって意義のある人間関係を築こうという動機付けが生まれるわけだ。ふたりが公認のカップルである証し（シンボル）にふたりの記念写真やプレゼントの交換、ふたりの名前で神社へ絵馬を奉納する、またアパートの合い鍵を渡すなどもよく行われるノンバーバル・コミュニケーションだ。また、お互いの肉親や親友への紹介もこの段階で正式に行われることが多い。

第五段階　「永遠の愛の誓い」

男女関係であれば、人間関係の発展のプロセスは「結婚」という形でこの段階で完結することが多い。ただし、結婚や入籍という形を取る必要は必ずしもなく、お互いがこれからずっと一緒に生きていく、人間関係を継続することを、ある種の「契約」の形で公式に宣言するということだ。任侠の世界の「かための杯」も同じような意味を持つものだと解釈できる。この段階のインターパーソナル・コミュニケーションはそうした「契約」に盛り込まれた条項を、お互い今一度検討し、合意をすることだ。そしてその人間関係において義務と責任を履行することを誓約することになる。「病めるときも、健やかなるときも」、また何が起ころうとお互いを支えていく決意を最終的に確認するのがこの段階である。

第五段階
→bonding

ナビゲーション　コミュニケーションの舵取り

第五段階まで到達したからといって、それであとは順風満帆というわけにはいかない。「釣った魚には餌をやらない」というパターンが一番いけない。「継続は力なり」という格言はインターパーソナル・コミュニケーションにもあてはまるものだ。時間をかけてお互いを観察し、それぞれのセルフ・コンセプトやコミュニケーション・スタイル、価値観などを十分に理解したつもりでも、一緒に暮らすようになれば、いままで見えてこなかった相手の面が見えてくるだろう。また、生活パターンもそれまでと違ってきて、自分も相手もいろいろな意味で変っていく、自分たちを取り巻く環境もまた時間と共に変化する。こうした様々な変化に臨機応変に対処しながら、長期的な人間関係を維持するためのインターパーソナル・コミュニケーションが、ますます重要になるのだ。

ナビゲーションのポイントは「監視／モニタリング」である。常にアンテナを張り巡らし、相手の言葉やノンバーバル・コミュニケーションから相手の様子や気持ちを理解する。自分の五感をレーダーのように駆使して、障害となるものをいち早く察知し、問題が見つかったら早期に解決を図ることだ。二番目のポイントは「確認」だ。人間関係にコミットするということは、努力してコミュニケーションをすることでもある。会話がないということは、お互い向き合っていないことを意味し、大きな問題をはらんでいる可能性がある。だから、会話が少なくなったら、そのことについて語り合うことも時には必要になってくる。お互いの人間関係に対する認識に変化はないか、目標は共有されているか、人間関係の基盤が揺らいでいないかについて確認するためのコミュニケーションを、折に触れてすることだ。これはいわば人間関係の「定期点検」である。

このように親密なインターパーソナル・コミュニケーションを維持し、きちんとナビゲーションとメンテナンスをすることで、人間関係がマンネリ化したり、下降線を辿るのを未然に防ぐことができる。

人間関係の衰退のプロセス

人間関係は常に上に向かって発展し続けるものではない。きちんとナビゲーションやメンテナンスをしてやらなければ、失速してしまう。大切な人間関係がそのような運命を辿ることのないようにするためにも、人間関係がどのような段階を経て衰退するかを知っておくことは、役に

コラム
確認のコミュニケーション
→これをrelationship talkと言う。自分たちの人間関係をお互いがどのように見ているか、評価しているかをコミュニケーションで確認しあうことである。「私（僕）はあなたにとってどういう存在？」という素朴な疑問に答えることでもある。「君のことが好きだ」、「あなたと一緒にいられて幸せ」、「自分にとってこの人間関係が一番大切」、といった意味のメッセージを交わすことである。欧米人はこれを言葉で行うが、日本人はノンバーバルで示す方が多いだろう。

立つ。だから、これからの説明を読んで暗い気持ちになったり、絶望したりしないでほしい。こうした兆候が見られたら危険信号ではあるが、早めに手を打てば大丈夫なのだと、むしろ前向きに考えてほしいと思う。

第一段階「私たちから私への回帰」

人間関係が下降線を辿り始めると、まずその人間関係における自分の位置づけを再検討するようになる。「自分にとってこの人間関係の意味するものは何か?」、「この人間関係の維持のために自分が必要以上の自己犠牲を払っていないか?」、「自分の期待通りの人間関係が構築されているか?」を冷静に、かつ客観的に評価し直すプロセスである。「果たしてこのままでよいのか?」という疑問が折りに触れて頭をかすめるようになったら、この段階に入ったと考えてよい。特に、人間関係の発展のプロセスのうち第二段階で十分な時間をかけずに先に進んだ場合には、最終段階まで到達した途端にこうなるケースが少なくない。結婚して新婚旅行にでかけた直後にこの別れの第一段階が訪れると、いわゆる「成田離婚」にもなりかねない。お互いが相手との

第一段階
↓ differentiating

距離を少し広めに取ろうとするパターンが、コミュニケーションでも見られる。


「佐智子。最近、全然手紙くれないじゃないか」

「ごめん。レポートとか試験で忙しいの」

「アメリカに行く前、手紙いっぱい書くっていってくれたのはうそなのか？」

「書きたくても、書く暇がないの。本当よ」

「待ってる俺の身にもなってくれよ」

「お願いわかって、私だって一生懸命やってるんだから」

「やっぱり、こういうのって無理なのかな」

「やめてよ、そんなこと言うの」


めでたくアメリカに留学した佐智子と、東京にいるボーフレンドの裕二の国際電話である。お互い、「自分」を前面に押し出して、お互いの気持ちをわかりあおうとしていない。「私たち」の視点がふたりの別個の「私」に分離し始めているのが見て取れるだろう。これが、人間関係の衰退の第一段階だ。この時点で変化に気づき、手当をすればまだ助かる可能性はある。この状態をほうっておくと次の段階へと進ん

でしまう。

第二段階「問題から目をそらす」

この段階では、コミュニケーションが問題を避ける形で行われるのが特徴だ。リスクを回避するため、核心に触れるような話題を出さないようにする。奥歯にものが挟まったような言い方や、遠回しな表現などが多用され、自発的なコミュニケーションが難しくなる。コミュニケーションにリズムがなく、鈍重な印象がある。これはお互い問題があることは認識しているのだが、どう対処してよいかわからないため、とりあえず当面はなんとか取り繕うというパターンだ。話しているうちに双方にフラストレーションがたまり、最後には爆発してしまう。

第二段階
→circumscribing

「佐智子。俺だけど」

「裕二、どうしたの？　きのう電話で話したばかりじゃない？」

「毎日電話しちゃいけないのか？」

「そんなことないよ。でも、電話代が大変でしょ」

「それより、正月にはこっちに帰ってくるのか？」

「無理よ、そんなの」

「どうして帰ってこれないんだ？」

「たった一年だし、こっちにいたい。友達とフロリダに旅行に行くの」

「俺よりその友達のほうがいいのか？」

「裕二。もういい加減にして。切るよ」

佐智子も裕二も問題を直視することを避けている。だから、お互いの不満をはっきり言葉にしていない。佐智子は電話代の心配をしているのではないことは明らかだし、裕二も佐智子に自分とアメリカの友達を比較してほしいのでもない。明確な問題点の指摘もなければ、お互いがその問題、すなわちコンフリクトを解決しようともしていない。この段階は長期間に及ぶ場合が多く、同じようなパターンのインターパーソナル・コミュニケーションが繰り返されるのが特徴だ。

第三段階　「沈滞ムード」

けんかが絶えないうちは、まだよい。ある意味ではコミュニケーションが続いているからだ。そのうち人間関係は停滞してしまう。言葉によるコミュニケーションの絶対量が、目に見えて減るのがこの段階だ。自分の不満や感情をノンバーバル・コミュニケーションで代わって表すよ

第三段階
→stagnating

うになるが、それもなくなってしまい、あきらめの境地に入ってしまうことが多い。例えば、「家庭内離婚」はこのパターンだ。もはや人間関係が形骸化して、殆ど意味を持たなくなる。この段階で、人は出口を探し始めるので、こうなってしまうと人間関係の修復は困難になる。


「裕二。久しぶり。元気」

「ああ。そっちは?」

「相変わらず忙しくしてる」

「そうか。じゃあ、がんばれよ」

「また電話する」

「いいよ。無理しなくても」


少なくとも裕二の方は、この人間関係を続けようという意志が消え失せているように見受けられる。会話も弾まず、彼の方は不満な関係を続けることについて大きな疑問を感じているようだ。

第四段階　「相手を避ける」

いよいよ人間関係も最後に近づくのがこの段階だ。相手を物理的に避

第四段階
→ avoiding

けるという行動が顕著になる。こちらから連絡をしない。あれこれ理由をつけて会うことを拒む。夫婦であれば「こちらから連絡する。探さないでくれ」という置き手紙を残して別居ということだ。この段階になると、直接的なインターパーソナル・コミュニケーションが再び活発になる。ただし、問題を解決して、もう一度やり直そうという意図があってのことではない。もうどうにでもなれという自暴自棄の状態であり、コミュニケーションの結果、どうなるかについての配慮はない。お互い言いたいことを言い合う、**不満をぶつけ合うだけである。**


「裕二。どうしたの。何度も電話したのよ」

「出かけてた」

「留守電にもしてないんじゃ、メッセージも残せない」

「いちいち、うるさいな。悪かったよ」

「なによ、その言い方。最低」

「こっちも忙しいんだ。もう切るよ」

「なんで、話してくれないの?」

「話すことなんかない」

不満をぶつけ合うだけである
→brown bagging, kitchen sinking, belt lining など、何でもありの状態になることが多い。

裕二のしていることは破壊的なコミュニケーションだ。佐智子と話し合うことさえ拒否している。こうなってしまったら、取り返しはつかない。

第五段階　「決別」

別れは人間関係のどの段階でも訪れる。前もって予測できる場合もあれば、突然何の前触れもなくやってくることもある。一度はコミットした人間関係が終わりを告げるのは耐え難いことだ。これは心の準備をしていようがいまいが、あまり関係はない。ただし、別れ方によってはそれほど傷つかずにすむ場合もある。つまり、よく話し合った上で、人間関係をこのまま続けるよりは、この時点で解消した方がお互いにとってより望ましい選択だという結論を出した末に別れるのであれば、立ち直るのも早いかもしれない。逆に、一方的に別れを宣告された場合にはそうはいかないだろう。よく「別れても友達でいようね」などと言う人もいるが、あまり期待しない方がよさそうだ。一度、壊れた人間関係を元に戻すことは、私たちが思っているほど簡単ではないのだから・・・

第五段階
→ terminating

「佐智子、俺。今ちょっと話してもいいか？」

「いいよ。何、話って？」

「俺、佐智子とはもう終わりにしようって思ってる」

「え？　今、なんて言った？」

「別れようって言ったんだ」

「なぜ？　私のせい？」

「やっぱり、無理なんだよ。こんな関係」

「あと、半年で帰るから」

「もういいんだ。じゃあ。もう連絡しないから」


佐智子と裕二の場合は、残念な結果になってしまったが、悲観することはない。繰返しになるが人間関係が失速し、下降線を辿り始める時には必ずその兆候が現れる。それをすばやく察知して、すぐに手を打てばまた上昇軌道に戻すことができる。早め、早めに手を打つこと、そしてふたりで協力して、問題解決に努力することが大切だと言えよう。

人間関係活性化のためのコミュニケーション

人間関係は「生き物」だ。きちんと世話をしなければ死んでしまう。インターパーソナル・コミュニケーションの努力をやめてしまうと途端に人間関係は下降線を辿るようになってしまう。だから、自分が望む人間関係を築くことよりも、それを維持することの方がずっと難しいかもしれない。お互いの人間関係を常に新鮮に保つこと、それが大事である。創意工夫を凝らして、どんな小さなことでもよい、日々、何か新しいことを自分の中に、パートナーの中に、そしてふたりの人間関係の中に発見することが重要なのである。そうした発見によって元気が出たり、「もっとがんばろう」という気持ちが湧いてくるものである。ところが実際には、私たちはつい日常の慌ただしさに忙殺されて、本当に大切な人間関係のケアを怠ってしまうことが多いのではないだろうか。信頼できる人間と、満足のゆく人間関係を築くためには、常にインターパーソナル・コミュニケーションを欠かさないこと、そしてその満足度を高めていくことが基本であるのは言うまでもない。「インターパーソナル・コミュニケーションは人間関係のビタミン剤である」と考えてみれば、その重要な働きが理解できるだろう。

エピローグ
よりよい人間関係のための7ヵ条

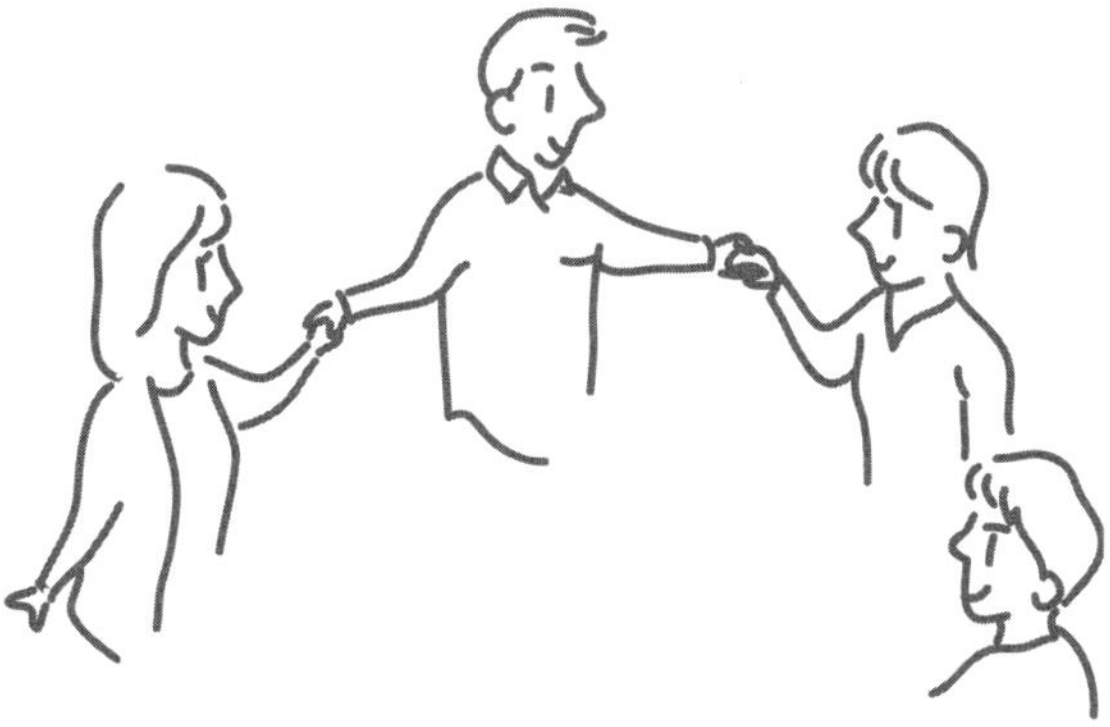

本書では、私たちが日常生活の様々な局面で経験する具体例を示しながらできるだけわかりやすくインターパーソナル・コミュニケーションのおもしろさ、難しさを伝えたいと思ったのだが、皆さんはどんな読後感を持ってくれただろうか？　「インターパーソナル・コミュニケーションは、思っていたより奥が深いことがわかった」、「自分のコミュニケーション・スタイルの長所と短所が、よりはっきりと見えてきた」、「自分にとって大切な人間関係を、もう一度じっくりと見直してみようという気になった」、「普段何気なくやっているコミュニケーションを、客観的に分析するようになった」という答えが返ってきたなら、とてもうれしいと思う。

「おもしろいが、難しい」、「楽しいけれど、努力も必要かも」、これがインターパーソナル・コミュニケーションの本質だと言えるだろう。自分と向き合って自分のコミュニケーション・スタイルを分析し、自分が属している様々な人間関係を改めて見直してみるのは勇気がいることだ。「なにか問題が見つかったらどうしよう」と誰もが思う。でもリスクを恐れていては、何も変わらない。思い切ってやってみよう。最後にまとめとして、よりよい人間関係を築くために忘れてはならない心構えとして、インターパーソナル・コミュニケーションの七ヵ条を紹介しよう。

第一条　自分のコミュニケーション・スタイルを知ること。

インターパーソナル・コミュニケーション・スタイルは、セルフ・コンセプトを反映したものだ。私たちが自分についてどんなイメージを持っているかが、そのままストレートにインターパーソナル・コミュニケーションに表れてしまう。だからこそ効果的にインターパーソナル・コミュニケーションをするには、まず自分について出来るだけプラスの評価をするようにする、つまりセルフ・エスティームを高めることが基本的な要件になる。私たちは、ともすれば自分の欠点にばかり目がいってしまい、**必要以上に厳しい評価をしてしまう**。そんな自分のネガティブなイメージがそのままコミュニケーション・スタイルに反映されてしまうと、人間関係がうまくいく方が不思議なくらいである。自分のコミュニケーターとしての長所、短所を正確に見極

必要以上に厳しい評価をしてしまう。
→自分を過大評価することも、過小評価することもセルフ・エスティームの観点からは望ましくない。現実的な自己イメージ(realistic self-concept)を持つことが大切だ。

めることによって、自分がある特定の相手と、ある特定の場面で、どのようにインターパーソナル・コミュニケーションをするかが、ある程度予測出来るようになるだろう。そして、自分の良い面を引き出してくれる状況や相手（シグニフィカント・アザー）を選んで、コミュニケーションの経験を積み重ねながら、徐々に自分の短所や苦手意識のようなものを克服していくのがいいだろう。繰り返しになるが、この世の中に生まれつき「完全無欠のコミュニケーター」などはおよそ存在しないのだ。インターパーソナル・コミュニケーションはスキル（技能）であり、努力次第でその能力を伸ばしていくことが十分可能なのだ。

第二条　相手のユニークさを尊重すること。

「自分に顔がよく似た人間は世界中に三人いる」とはよく言われるが、この世の中に自分と全く同じ考え方や価値観を持った人間はふたりといないだろう。「十人十色」というが、インターパーソナル・コミュニケーションのスタイルが自分と似ている人を探すことの方が難しい。自分と違うからといって、すぐに相手を拒絶してしまったり、非難することは得策ではない。お互い生まれ育った環境も、社会化の過程も、所属するグループ（家族、文化、ジェンダー、職業、世代）、過去の体験など全て異なるのだから、違っていて当たり前という前提でインターパーソナル・コミュニケーションに臨むことが大切だ。自分も、相手も、「この世にふたりといないユニークな存在」であることを**認めることから人間関係が始まるといっても過言ではない**。そしてお互いの共通点を手がかりにして、また相違点についてはそれを十分理解する、そして不一致は交渉のプロセスによりすり合わせを行うことによって解決し、よりよい人間関係を築いていくことになる。

第三条　選択的認知のプロセスを常に意識すること。

私たちが外の世界について、その全てを認知できることはあり得ない。情報は選択的に取り込まれ、選択的にその意味が解釈される。これは人に対する印象であれ、相手の言葉やノンバーバル・コミュニケーションの意味であれ、同じことである。人が自分と同じものを見

・・・**認めることから人間関係が始まるといっても過言ではない。**
↓お互いを認め合うこと、そして受け入れること。

聞きしている、お互いの間で交わされているコミュニケーションのメッセージを同じように解釈している、自分が相手に抱いた印象と、相手のリアルセルフとがぴったり合っている、と考えてしまうことがしばしば誤解やコンフリクトの原因となる。私たちが「認知的不協和」を避けるために、選択的認知のプロセスを意識的、無意識的に利用している事実をもう一度ここで思い出してほしい。

第四条　インターパーソナル・コミュニケーションの基本的価値観を尊重すること。

「**正直であること**」、「**お互い信頼し合うこと**」はインターパーソナル・コミュニケーションの基本となる大切な価値観である。まず、「正直である」ということは一種の倫理規範と考えてよいだろう。自分の個人的な利益のために嘘をつけば、社会から厳しい制裁を受けることになるだろう。人間関係においても同じことが言える。但し、全てにおいて正直である必要があるかどうかは、意見が分かれるところだ。相手に正当に「知る権利」があり、またその情報の共有が人間関係の

正直であること
→ honesty
お互いに信頼し合うこと
→ mutual trust

発展・維持に重要な意味を持つ場合にそのような情報を隠したり、虚偽の申告をしたりすることは許されない。また、そんなことをして、後でその嘘がバレた場合には、大きな問題に発展することは明らかだ。しかし、正直に言えば相手（シグニフィカント・アザー）に余計な心配をかけたり、傷つけたりする可能性のあることであれば、「言わぬが花」ということもあるかもしれない。この辺の判断は非常に難しい。「自分の過去の人間関係」について、その全てを正直に語る必要はないかもしれないが、「自分に多額の借金があること」などは前もって相手に正直に伝えるべきなのかもしれない。

「正直であること」のもうひとつの意味は、「自分に正直に向き合う」ことだ。これがなかなか出来ない。自分について過大評価も、過小評価もしない、つまり自分の長所も欠点も正当に評価し、それを正直に相手に見せることができるかどうかということだ。人間関係の初期の段階では本当の自分を正直に出すことが難しいかもしれない。しかし、「仮面」を外し、自分の素顔を見せることができれば、どんなに楽かは言わなくてもわかるだろう。逆に、「仮面」を脱ぐタイミングを逃してしまうと、その先がとてもつらいものだ。

つぎに、「お互いを信頼すること」が重要なのは言うまでもない。相互信頼が全ての人間関係のベースであることに異論はないし、相手を信頼出来なくなったら人間関係はそこで終わりになることも経験からだれもが知っていることだ。信頼関係もお互いが努力して築いていくものである。私たちは相手を本当に信じられるか、また何があっても頼れる人間かどうかをインターパーソナル・コミュニケーションを通して確認する。ひとたび信頼関係が築ければ、人間関係に弾みがつき、そして何でも話せる、本当の自分を見せても恐くないという自信が生まれてくるのだ。

第五条　「オープンな姿勢」を忘れないこと。

「**オープンな姿勢**」は聞（聴）くことに大いに関係がある。相手（シグニフィカント・アザー）に心を開く、ステレオタイプや偏見、そして自分だけの独善的な基準で相手の言うことや相手の価値観や考え方を評価したり、判断したりしないことだ。自分がオープンになれば、

オープンな姿勢
→openness と言う。honesty, mutual trustとあわせてインターパーソナルコミュニケーションにおける三つの基本的価値観(core values)を構成する。

相手も同じようにオープンになってくれるだろう。逆に、自分が殻にこもってしまえば、相手も同じように心を閉ざしてしまうだろう。インターパーソナル・コミュニケーションでは、相手は自分の姿を映す鏡である。自分に対する相手の態度を見れば、自分が相手にどういうふうに接しているかが、かなりの程度までわかるのである。「オープンな姿勢」を積極的に取り、同時にセルフ・ディスクロージャーを適切に併用すれば、より効果的だ。

第六条　常にふたつの視点をもつこと。

簡単に言ってしまえば、「ふたつの視点」とは自分と相手、つまり「私」と「あなた」の視点で、人間関係を築く過程での様々な出来事、経験、状況、その他を同時に二方向から見ることだ。「このことについて自分はこう思っているが、相手から見たらどう見えるのか?」という問いを、自分に投げかけることだ。これはまず「共感」をはかることから始まる。相手が何を考え、何を感じているかを相手の立場に身を置いて相手の視点で理解していくのだ。「相手を理解しよう」と努め

ふたつの視点
→dual perspectiveと言う。

ることは、自分を「理解する」ことにもつながるというメリットもある。そのプロセスで自分と相手との共通点や相違点が、より明確になるとともに、様々な問題が「ふたりで」対処すべき問題として認識されるようになるのだ。あくまでも人間関係はひとりで築くものではない。「ダンスはふたりで踊るもの」、そのような姿勢で人間関係やインターパーソナル・コミュニケーションに臨むことが大切だ。利己的な姿勢、自己中心的なアプローチでは、決して良い人間関係は築けないのである。

第七条　自分を変えようという気持ちを持つこと。

　誰でも今の自分、今の人間関係、今、自分が置かれている状況を変えたいと思っていても、なかなか変えようとしない。理由は簡単だ。たとえ現状を変えたとしても、今よりも良くなる保証はないからだ。例えば、今の人間関係に満足していなくても、次の人間関係がそれより満足できるものになるとは限らないから、いつまでも不満なまま、それを引きずることになってしまう。例えば、離婚したいと思っても先行きが不安であれば、「ひとりで生きるよりは、今のままの方がましだ」という考え方も成り立ってしまう。自分のセルフ・コンセプトやコミュニケーション・スタイルについても同様である。リスクが高いから、「変えなくちゃ」、「変わらねば」と思いつつも、踏み切ることが出来ないでいるのだ。現状維持はある意味で心地よいことかもしれない。でも、少しでも変わることによって今よりも改善が期待されるのならば、思い切って変えてみよう。ひとりで悩む必要はないし、自分だけが変わらなければならないと思うのも間違いだ。「自分が変われば、相手も変わってくれる。そして、お互いよりよい人間関係が築けるのだ」、そう考えてみることだ。でも、焦ることはない。自分が自分を変えたいと思ったとき、そのタイミングを逃さないこと、それが大切なのだ。

著者紹介
中西雅之（なかにし・まさゆき）
1953年　東京に生まれる。
米国カンザス大学大学院コミュニケーション学科博士課程修了（Ph.D.）
米国カンザス州立大学専任講師、共立女子大学専任講師を経て、
現在、津田塾大学学芸学部英語英文学科コミュニケーション・コース教授。
専門はインターパーソナル・コミュニケーション、異文化間コミュニケーション。

●くろしお出版ホームページ　http://www.9640.jp/

人間関係《にんげんかんけい》を学《まな》ぶための11章《しょう》
―インターパーソナル・コミュニケーションへの招待《しょうたい》―
2000年4月25日第1刷発行
2020年12月15日第7刷発行

◎ 著者　中西雅之《なかにしまさゆき》

版元　くろしお出版
〒102-0084
東京都千代田区二番町4-3
TEL　(03)6261-2867
FAX　(03)6261-2879
担当　福西敏宏
印刷　シナノ印刷

ISBN978-4-87424-193-6 C1011